SOMMAIRE

POURQUOI CE LIVRE

La pratique de la conjugaison se prête merveilleusement à une activité sous forme de mots croisés, étant donné la flexibilité de n'importe quel verbe dans chaque temps selon les personnes : si l'on observe le verbe *changer* au présent de l'indicatif, cinq écritures sont possibles, sans qu'aucune ne démente ni l'infinitif ni le temps : *change, changes, changeons, changez, changent.* Pour que ce principe simple soit bien compris, on pourra à loisir multiplier les exercices de mise en train (pages 10 à 12). Ensuite, les jeux deviendront un peu plus compliqués, quand les mots en cases se croiseront, puisqu'il faudra alors réfléchir non seulement à la personne (toujours présente à l'esprit mais que l'on n'écrit jamais), mais aussi aux places possibles dans la grille, en fonction des autres données du problème :

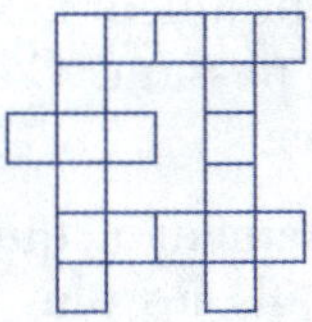

JAPPER
JOUER
NAGER
PRETER
SUER

(présent de l'indicatif)

Ici, des hypothèses et leur vérification sont nécessaires.

Laissons l'enfant déduire lui-même ses principes de travail, même si, par excès de précipitation, il aborde l'exercice de façon anarchique. Très vite, il verra ce qui saute aux yeux : le mot de 3 lettres ne peut provenir que du verbe SUER. C'est la clef pour résoudre le problème en quelques secondes.

Si un enfant cherche trop longtemps pour « démarrer » la grille, vous pouvez l'aider en lui donnant une « lettre stratégique » à prendre dans le corrigé.

Quelles qualités sollicitées ? Quelles stratégies employer ?

Voici un exercice qui, au premier abord, tient plus du casse-tête que du jeu. En réalité, nous allons accompagner le débutant dans sa démarche, et voir que celle-ci est à la portée de tous avec un peu de concentration et de méthode. Avec un crayon noir et, par prudence, une gomme (plus tard, le raisonnement remplacera la gomme, dont le degré d'usure permettra de mesurer les forces du joueur !), commençons :

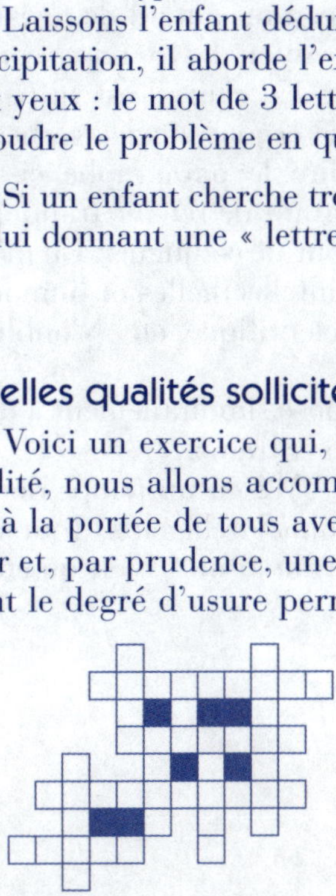

Au présent de l'indicatif :

CONTINUER
COUPER
ETERNUER
EXPIER
MUER
PESER
ROULER
TERMINER
TRIER
VOGUER

1. Nous commençons par MUE en vertical.

2. Ce qui nous donne TERMINER en horizontal.

Mais attention : TERMINONS ou TERMINENT ? À ce stade, on ne peut être sûr. Écrivons seulement TERMIN…

3. Nous n'avons que PESER en vertical : PESE.

4. Rayons les verbes dont la place est assurée. Nous déduisons facilement ÉTERNUE en horizontal.

5. TRIE s'impose en vertical (on n'oublie pas de rayer).

6. Parmi les verbes restant, CONTINUER est le seul à convenir en horizontal. Nous écrivons donc : CONTINU…

7. Nous avons maintenant trois possibilités en vertical : COUPE, VOGUE, ROULE. Nous éliminons VOGUER et ROULER, dont la place est manifestement ailleurs. Nous les écrivons : VOGU… et ROULE, et complétons TERMINONS en passant. C'était donc COUPE en vertical, ce qui convient parfaitement au petit dernier.

… Bien sûr, si les terminaisons du présent ne sont pas parfaitement acquises, l'exercice est impossible à terminer. Mais pour chaque grille, et depuis les plus élémentaires, quel qu'ait été le niveau du joueur au départ, ce niveau aura été sensiblement modifié au cours de chaque exercice, de par les vérifications opérées.

Les problèmes les plus simples du début comptent donc comme autant de révisions et de corrections accumulées, et nous voyons que la simple répétition des exercices constitue en elle-même, avec l'habitude, un tremplin pour réussir. En clair, il est suffisant, pour aborder la grille ci-dessus, d'avoir auparavant travaillé et joué sur les verbes en …*er*, au présent de l'indicatif. Pour le joueur attentif (lire le paragraphe ci-dessous : *Utilisation du livre*), le livre sera un médiateur permettant de retenir tranquillement ce qui aurait exigé de gros efforts pour qui n'a pas l'amour de conjuguer. En même temps, le joueur passionné affirmera une série de qualités intellectuelles et humaines telles que volonté, concentration, modestie, lucidité, esprit scientifique, etc. N'oublions pas, bien sûr, le plaisir de jouer et de se surpasser.

Une anecdote significative : le même problème a été proposé simultanément à deux classes d'une même école : un CM1 entraîné et un CM2 non entraîné.

Résultats : 75 % de réussite dans le CM1, 5 % dans le CM2 en un temps donné. Cela ne signifie pas que les CM2 étaient moins habiles ou moins intelligents. Tout simplement, ils connaissaient trop approximativement leurs terminaisons, bien qu'étant, par ailleurs, très studieux.

UTILISATION DU LIVRE

Pour que le lecteur puisse facilement se diriger à son gré dans *Jouons à la conjugaison...*, les séries ont été regroupées en chapitres distincts et autonomes.

Seules les séries ont une position fixe dans le livre : « Les trois temps usuels de l'indicatif », « Révision générale des temps », grilles de brassage général des difficultés.

L'adulte conseillera le respect de la progression à l'intérieur des chapitres.

En revanche, l'ordre des temps et des modes étant forcément arbitraire (indicatif présent, futur, imparfait, impératif, conditionnel, subjonctif), rien n'empêche de modifier cet ordre en travaillant l'imparfait avant le futur, le subjonctif avant le conditionnel, etc.

Pour des raisons évidentes, les temps composés ont été éliminés. Par ailleurs, et dans un souci d'économie, il a fallu sélectionner les temps en fonction de la place réelle qu'ils occupent en tant qu'outils d'expression courante, ce qui explique l'absence du passé simple et de l'imparfait du subjonctif.

Les corrigés, regroupés par commodité à la fin du livre, s'adressent au maître, aux parents ou à l'enfant qui joue seul. Dans tous les cas, il est important de ne jamais laisser une grille incomplète ou remplie d'erreurs. Pour qu'une grille finie soit considérée comme réussie, tous les verbes donnés doivent y figurer au temps demandé et sans erreur.

Attention : il peut arriver que la solution de l'enfant ne soit pas exactement celle du livre sans être fausse. Le cas se produira très souvent en fin de mots « libres » (sans croisement).

Exemple

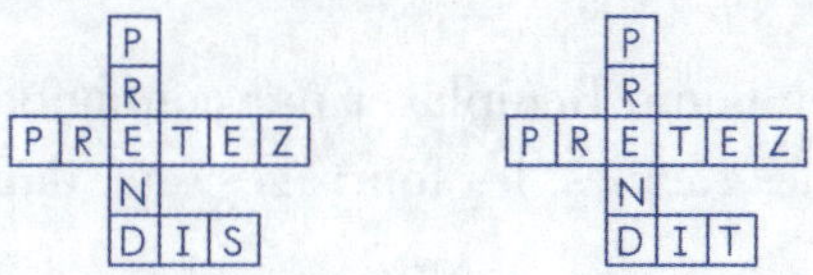

Des permutations de verbes seront quelquefois possibles :

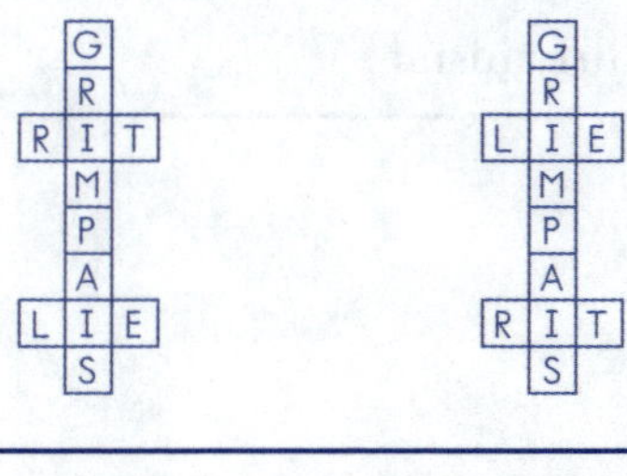

Pour certaines grilles, le corrigé n'est donc qu'une solution possible, les autres solutions n'en différant pas assez pour que leur mention soit utile. Le correcteur averti prendra garde de ne pas rejeter une solution comme fausse avant de l'avoir méticuleusement examinée (une éventuelle solution collective en fin de séance montrera les bienfaits d'une démarche raisonnée). En cours d'exercice, pour être à même d'apporter une aide pertinente à l'enfant en difficulté (lorsqu'il dit : « je suis bloqué ! »), il faudra faire la grille en même temps que lui afin de cerner les difficultés avec précision, de « guérir » et de prévenir. Quitte à être « battu » ! Certains enfants ayant une belle clairvoyance et un don pour l'anticipation.

Avec les joueurs plus lents, patience et rigueur sont des gages de réussite. Que chacun avance à sa vitesse. En début de livre, on conseillera opportunément à tel enfant de conjuguer les verbes sur son cahier d'essais, et on en vérifiera la justesse. Par la suite, machinalement, les jeunes joueurs prendront l'habitude de valider eux-mêmes leurs terminaisons avant de jouer, convaincus qu'il n'est pas de bon travail avec de mauvais outils, et soucieux de ne plus perdre leur temps et celui des autres pour des choses évidentes à établir soi-même.

Quelques définitions de mots rares :

ARIMER	Chez les épingliers (fabricants d'épingles), ajuster le poinçon sur l'enclume.
CONTAGIER	Transmettre la contagion. Remplacer par contagionner.
ENSILER	Mettre les grains, les racines, les fourrages, etc. dans les silos pour les conserver.
ESSANGER	Faire suppurer, exprimer le jus de quelque chose. Savonner le linge sale avant de le faire bouillir.
NASALISER	Donner un son nasal à une voyelle… à une syllabe.
URBANIFIER	Appliquer les lois de l'urbanisme.

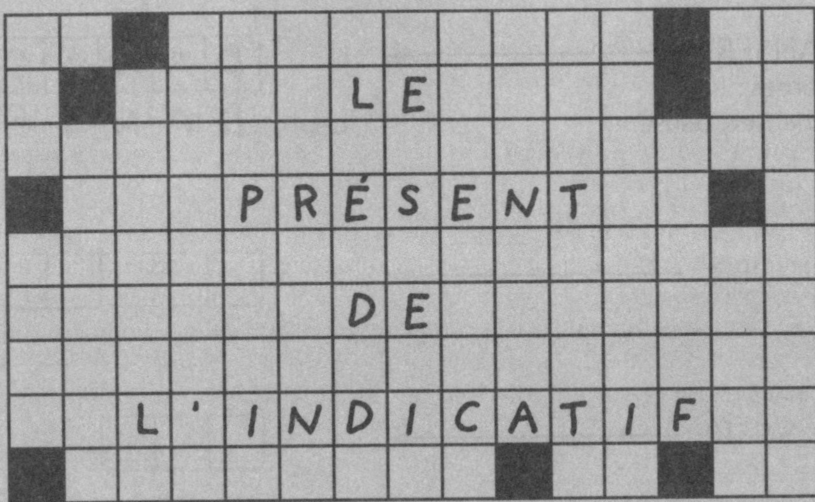
LE
PRÉSENT
DE
L'INDICATIF

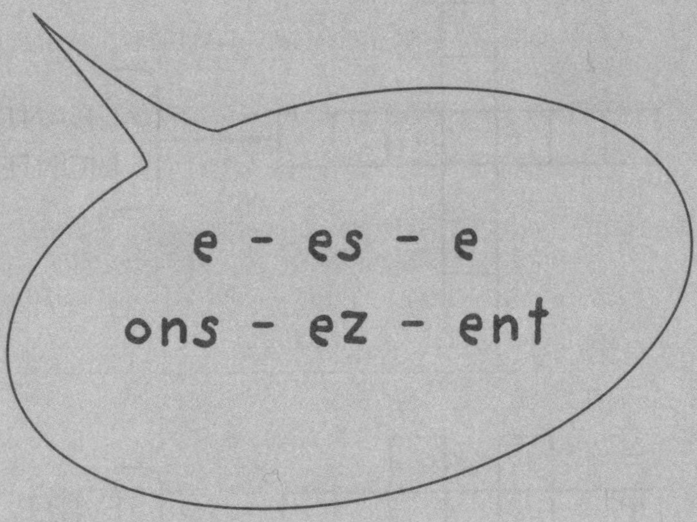
e - es - e
ons - ez - ent

MISE EN TRAIN

Pour chaque verbe, trouve une conjugaison à la personne qui convient.

Exemple :

avec DANSER → DANSONS
(danse, danses,
dansons, dansez, dansent) ou DANSENT

avec JOUER → ☐☐☐☐☐☐

SUER → ☐☐☐

← CHANTER
MONTER

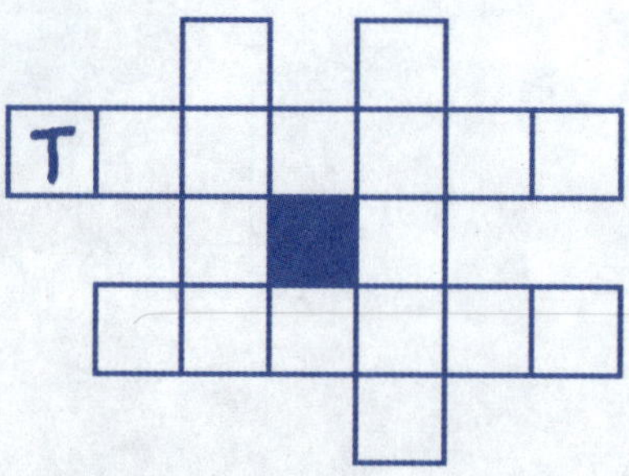

← ÉVITER
LOUER
RESTER
TROUVER

Pour chaque verbe, trouve une conjugaison à la personne qui convient et place-la dans la grille.

ARRÊTER
FRAPPER
RÉPARER
SERRER

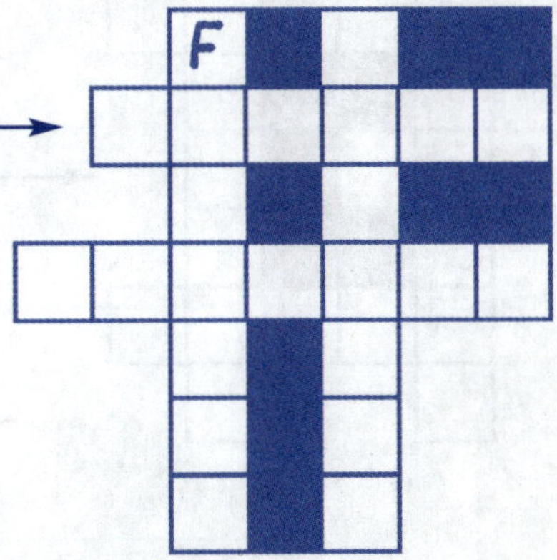

COUPER
PENSER
RAPER
SONDER

MARCHER
RAMASSER
RÊVER
ROULER

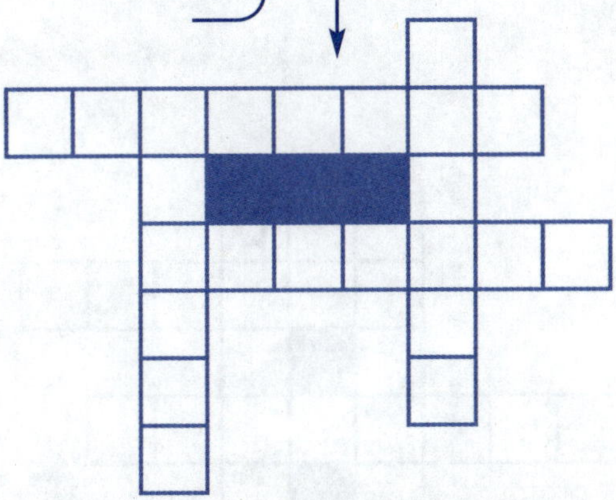

POSER
SOUPER
TOUSSER

MISE EN TRAIN

Pour chaque verbe, trouve une conjugaison à la personne qui convient et place-la dans la grille.

JAPPER
JOUER
NAGER
PRÊTER
SUER

COÛTER
FUMER
MISER
SOUDER
TENTER

ALLUMER
BLESSSER
ÉCOUTER
LAISSER
LIMER

VERBES EN ...*ER*

je ...*e*	nous ...*ons*
tu ...*es*	vous...*ez*
il, elle ...*e*	ils, elles ...*ent*

ATTENTION

Dans les verbes en ...ver, ...ouer, ...ier, le « e » ne s'entend pas.

Pour chaque verbe, trouve une conjugaison à la personne qui convient et place-la dans la grille.

JOUER
(je, tu, nous, vous, ils)

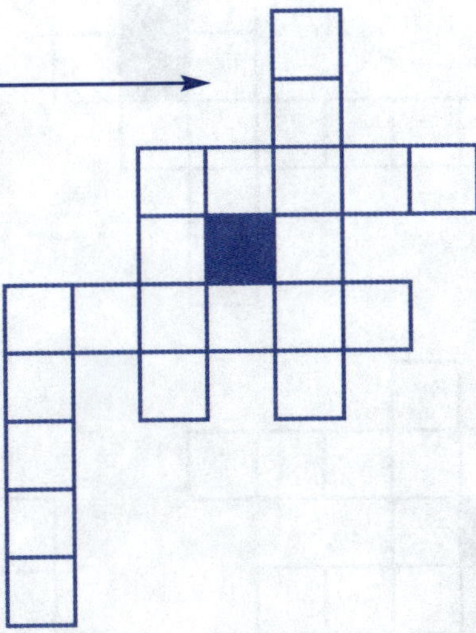

CONTINUER
COUPER
ÉTERNUER
EXPIER
MUER
PESER
ROULER
TERMINER
TRIER
VOGUER

VERBES EN ...*GER*

je ...*ge*	nous ...*geons*
tu ...*ges*	vous ...*gez*
il, elle ...*ge*	ils, elles ...*gent*

Pour chaque verbe, trouve une conjugaison à la personne qui convient et place-la dans la grille.

BOUGER
CHARGER
DÉRANGER
DIRIGER
ENGAGER
INTERROGER
LOGER
NAGER
NÉGLIGER
OBLIGER
PLONGER
PROTÉGER
RANGER
RATER
RONGER

MANGER
(je, tu, nous, vous, elles)

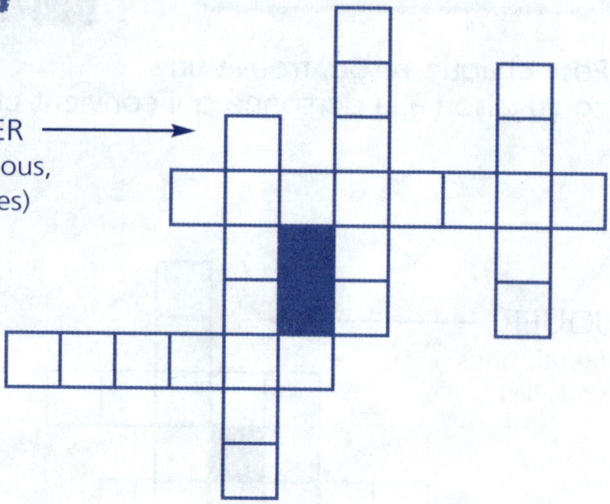

EN ... YER

je ...*ie*	nous ...*yons*
tu ...*ies*	vous ...*yez*
il, elle ...*ie*	ils, elles ...*ient*

Pour chaque verbe, trouve une conjugaison à la personne qui convient et place-la dans la grille.

APPUYER
(je, tu, nous, vous, ils)

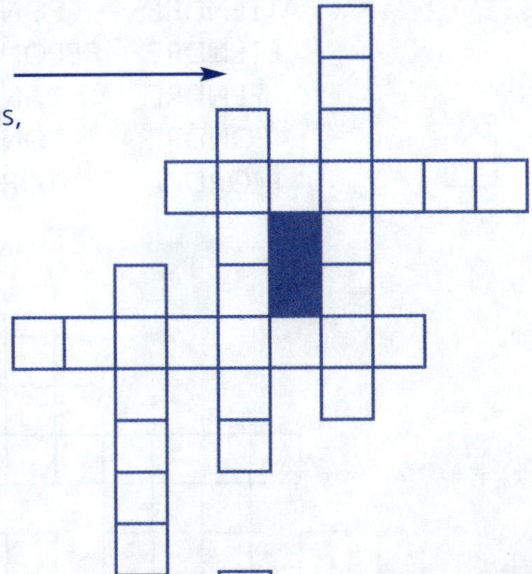

ABOYER
APPUYER
BALAYER
BROYER
NOYER
PLOYER

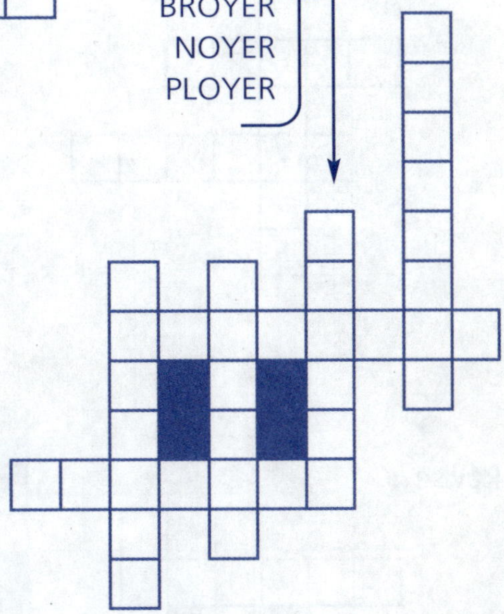

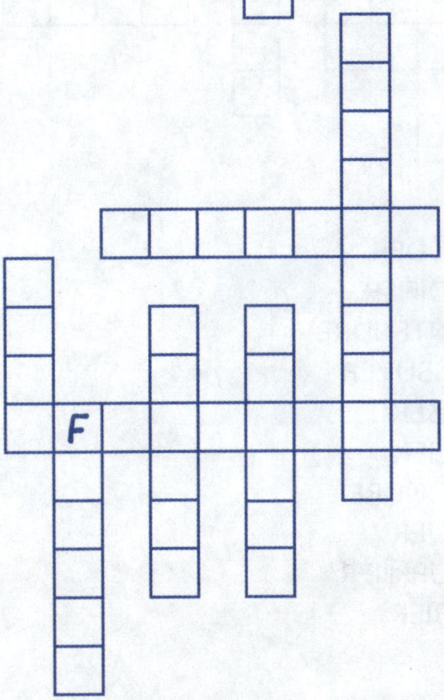

EFFRAYER
FRAYER
PAYER
PLOYER
RAYER
SOIGNER
TOURNOYER

VERBES EN ...*DRE*

je ...*ds*	nous...*dons*
tu ...*ds*	vous ...*dez*
il, elle ...*d*	ils, elles ...*dent*

Pour chaque verbe, trouve une conjugaison à la personne qui convient et place-la dans la grille.

MORDRE
(je, tu, nous, vous, elles)

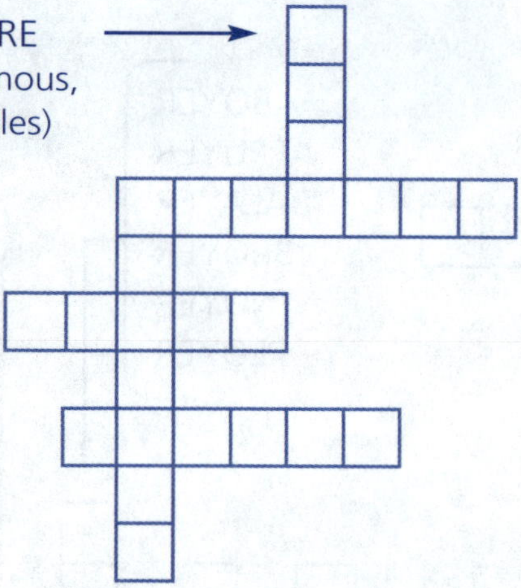

ATTENDRE
ÉTENDRE
FENDRE
FONDRE
MORDRE
PONDRE
RÉPONDRE
TENDRE
TONDRE
TORDRE

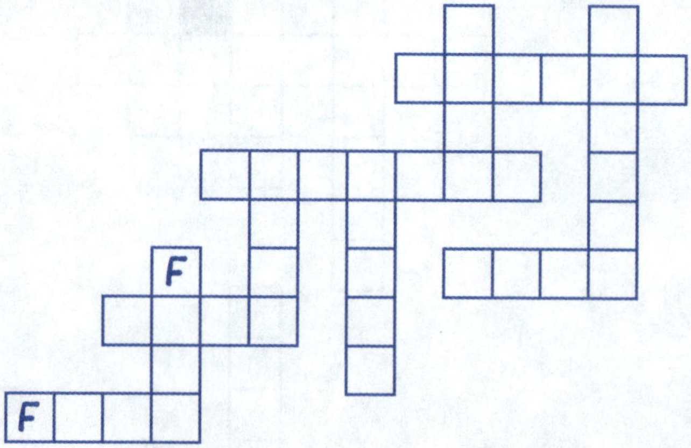

Révise...

CÉDER
ÉDIFIER
ENTENDRE
ESSUYER
OSER
PLIER
PONDRE
RUER
SUPPLIER
TRIER

EN ...*INDRE*

je ...*ins*	nous ...*ignons*
tu ...*ins*	vous ...*ignez*
il, elle ...*int*	ils, elles ...*ignent*

CONSEILS

Sur un cahier d'essai, conjugue ÉTEINDRE et CRAINDRE et montre-les à ton maître ou à tes parents avant de commencer les exercices.

PEINDRE
(je, tu, nous, vous, ils)

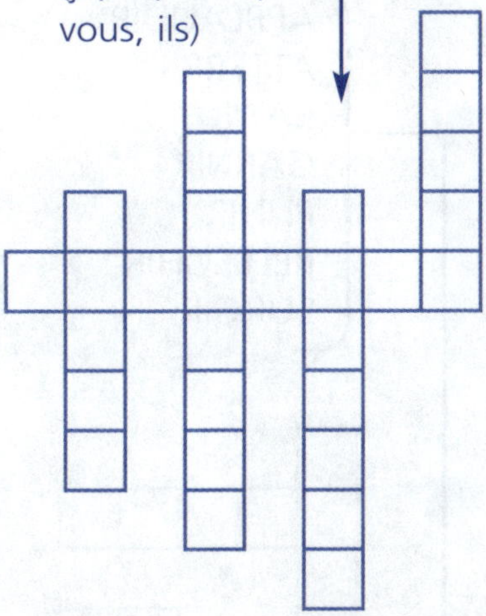

ATTEINDRE
CRAINDRE
ÉTEINDRE
FEINDRE
GEINDRE
JOINDRE
REJOINDRE
TEINDRE

Difficile !
Pense aux coups suivants avant d'écrire !

Révise...

ACTIVER
BOUGER
CRIER
ENVIER
RESTREINDRE
SACRIFIER
SOUPESER
(se) SOUCIER
SUPPLIER
TONDRE
VENDRE
VOUER

VERBES EN ...*IR* (*ISSONS*)

je ...*is*	nous ...*issons*
tu ...*is*	vous ...*issez*
il, elle ...*it*	ils, elles ...*issent*

Pour chaque verbe, trouve une conjugaison à la personne qui convient et place-la dans la grille.

OBÉIR →
(je, tu, nous, vous, elles)

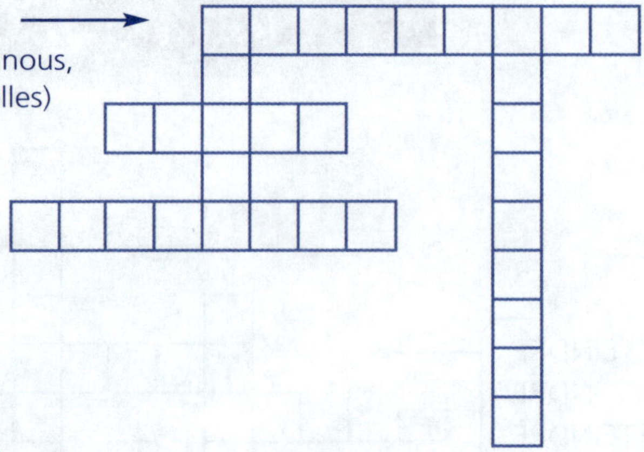

APPLAUDIR
ATTERRIR
BÂTIR
GARNIR
PUNIR
RÉFLÉCHIR
SURGIR

Révise...

METTRE
OBÉIR
STRIER
TEINDRE
TORRÉFIER
TRANSITER
TRANSFORMER
TROUER
UNIFIER
VENDRE

Très difficile !

AUTRES VERBES

- verbe en ...*er*	je ...*e*	tu ...*es*	il, elle ...*e*
- verbe en ...*dre*	je ...*ds*	tu ...*ds*	il, elle ...*d*
- autre verbe	je ...*s*	tu ...*s*	il, elle ...*t*

Pour chaque verbe, trouve une conjugaison à la personne qui convient et place-la dans la grille.

DORMIR
(je, tu, nous,
vous,
ils)

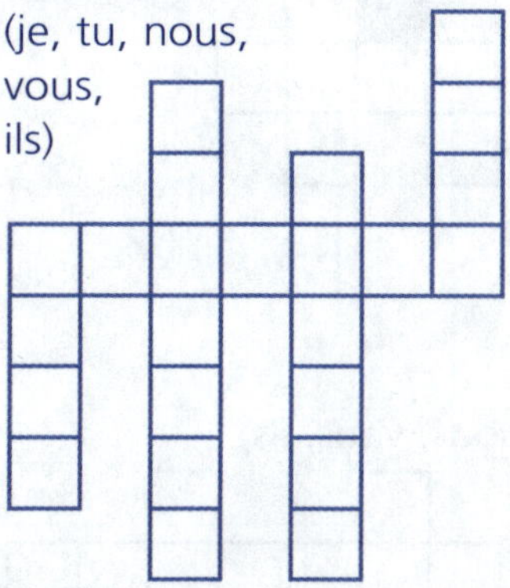

BOIRE
ÉLIRE
FUIR
LIRE
LUIRE
PARTIR
PRODUIRE
RIRE

SERVIR
SORTIR
TENIR
VENIR
VOIR

Révise...

Difficile !

BOIRE
CROIRE
DORMIR
ENTENDRE
FONDRE
LIER
LOUER
MORDRE
PARTIR
PONDRE
RAPER
RÉFLÉCHIR
SERVIR
SORTIR
TENDRE
TENIR
TORDRE
TUER
VENIR
VOIR

VERBES IRRÉGULIERS COURANTS

RÉSOUDRE
(je, elle, nous, vous, ils)

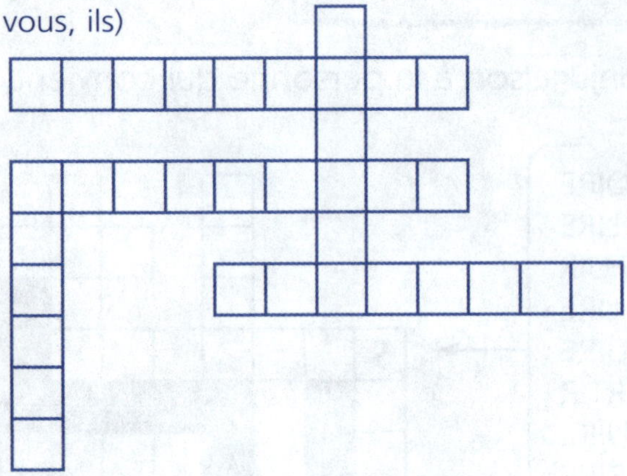

POUVOIR
(je, il, nous, vous, elles)

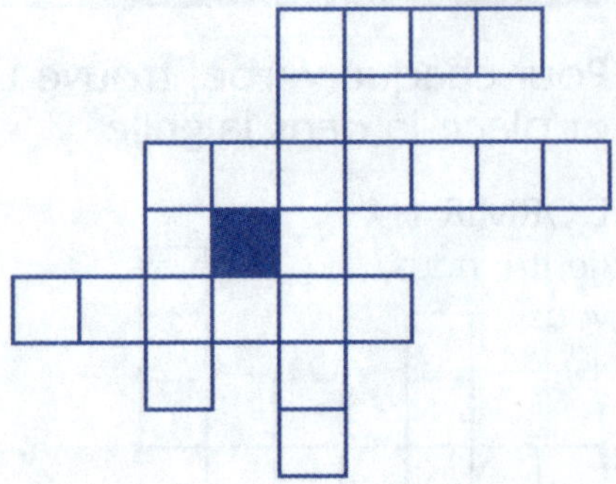

VENIR
(je, il, nous, vous, ils)

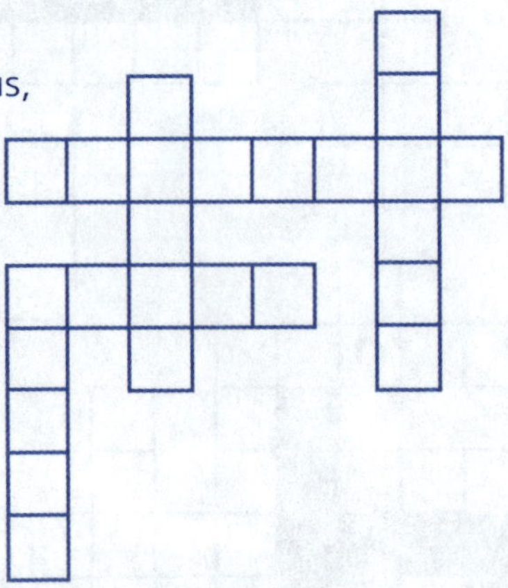

FAIRE
(je, il, nous, vous, ils)

NAÎTRE
(je, elle, nous, vous, ils)

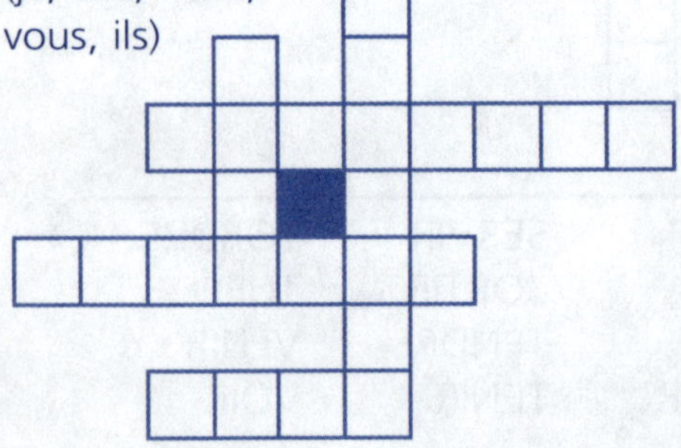

APPELER
(je, tu, nous, vous, ils)

VERBES IRRÉGULIERS COURANTS

VOIR
(je, elle, nous, vous, ils)

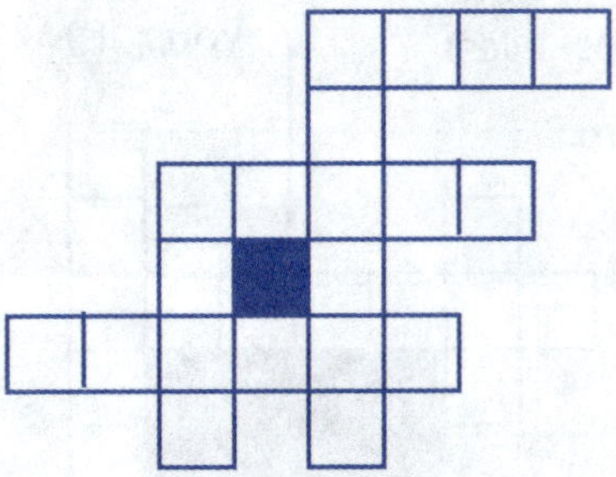

AVOIR
(je, tu, nous, vous, elles)

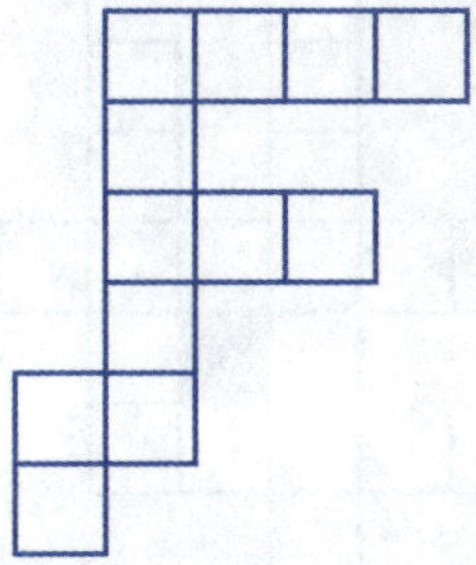

CROIRE
(je, il, nous, vous, ils)

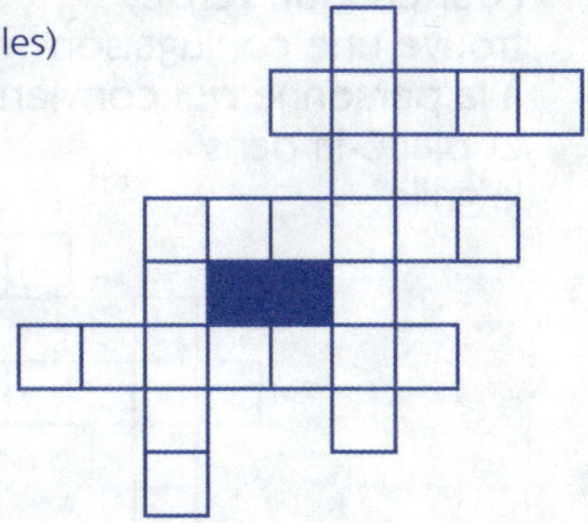

DIRE
(je, il, nous,
vous, ils)

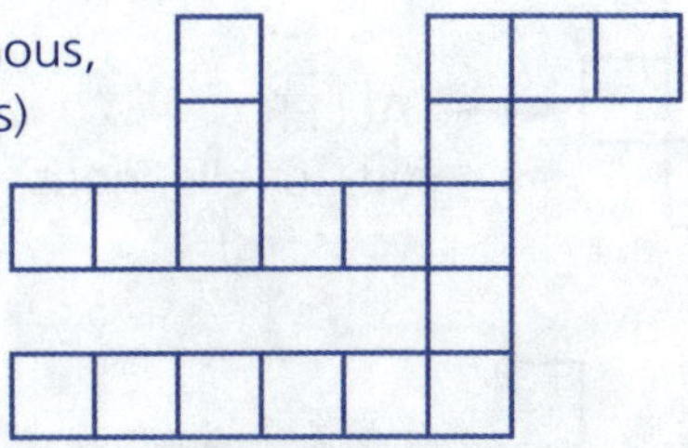

VOULOIR
(je, il, nous,
vous, ils)

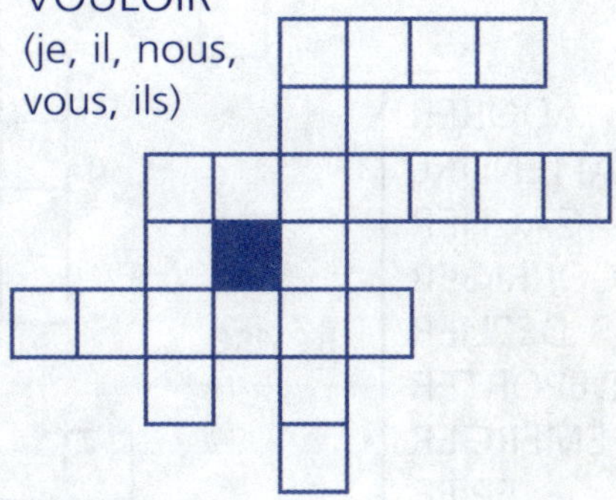

TENIR
(je, il, nous,
vous, ils)

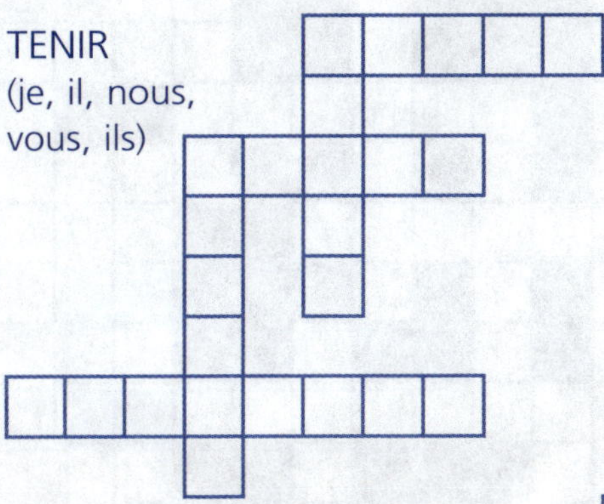

ÊTRE
(je, tu, nous,
vous, elles)

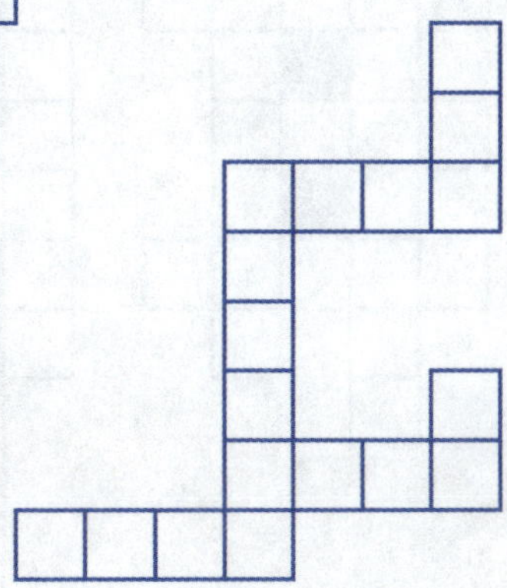

RÉVISION GÉNÉRALE. VERBES IRRÉGULIERS.

Pour chaque verbe, trouve une conjugaison à la personne qui convient et place-la dans la grille.

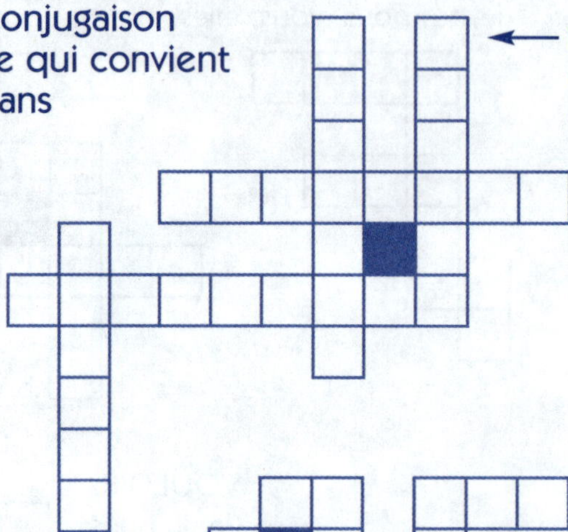

← RECEVOIR (je, il, nous, vous, elles)

METTRE (je, il, nous, vous, ils)

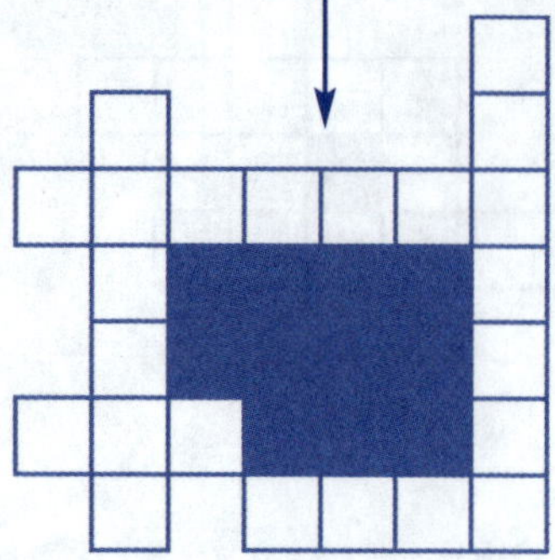

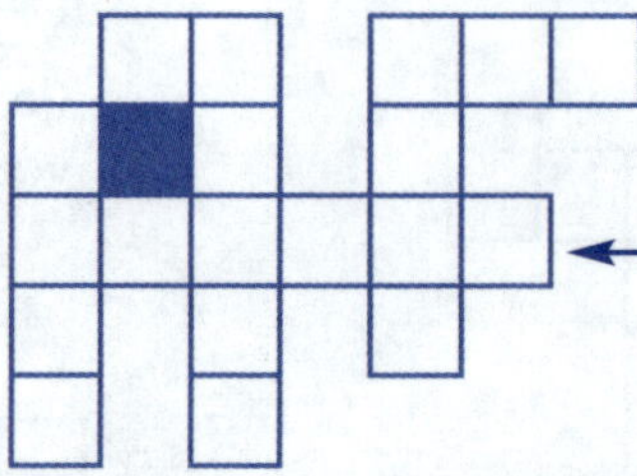

← ALLER (je, tu, elle, nous, vous, ils)

ADORER
ATTENDRE
CACHER
CORRIGER
DÉPLIER
DÉPORTER
ÉMERGER
ÉPIER
ÉTONNER
GROGNER
HURLER
LEVER
MARCHER
MENER
OFFRIR
PÉDALER
PLONGER
RENIFLER
RIDER
RIRE
SERVIR
TOUCHER

Révise…

RÉVISION GÉNÉRALE. TOUS VERBES.

Pour chaque verbe, trouve une conjugaison à la personne qui convient et place-la dans la grille.

AVOUER
DIRE
FAIRE
MENTIR
RECEVOIR
RÉSOUDRE
SIGNIFIER
TAIRE
VENIR
VOULOIR

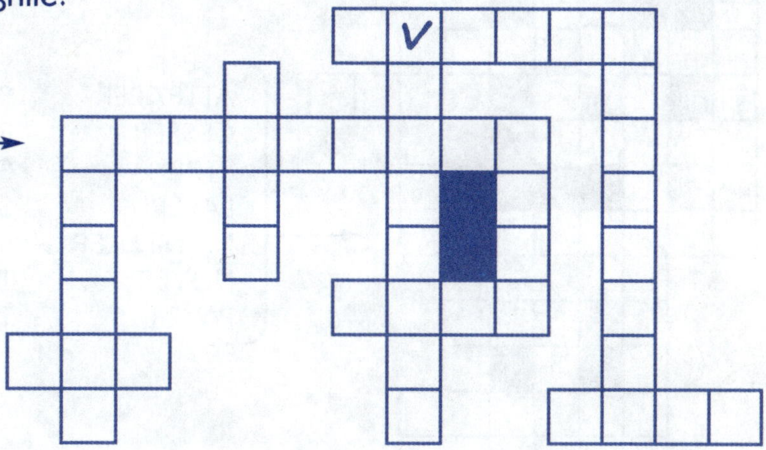

ALLER
AVOIR
BALAYER
CRIER
CROIRE
DEVOIR
DORMIR
ENTENDRE
ÊTRE
FAIRE
FENDRE
FUIR
LUIRE
PLOYER
REGRETTER
RENDRE
SAVOIR
SENTIR
TENIR
TOISER

Très difficile !!!

GRILLES INVENTÉES PAR DES ENFANTS

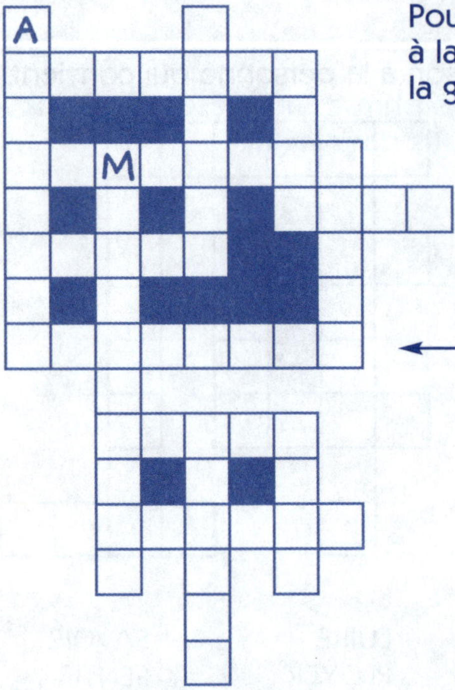

Pour chaque verbe, trouve une conjugaison à la personne qui convient et place-la dans la grille.

ATTRAPER
CESSER
ÊTRE
LAPER
MANIPULER
NOYER
PAYER
PONDRE
RAMASSER
SEMER
SERVIR
SUPPOSER
TUER
TORDRE

Révise…

ARRACHER
ATTRAPER
CHANTER
DANSER
DÉRAPER
DONNER
DORMIR
ENDORMIR
ENTRER
ESSAYER
LIRE
MONTER
MORDRE
PARTIR
SAUTER
SORTIR
TASSER
TENDRE
TENIR
TONDRE
TORDRE
TROUER
TUER

VERBES EN ...*ER*

je ...*e*	nous ...*ons*
tu ...*es*	vous ...*ez*
il, elle ...*e*	ils, elles ...*ent*

Écris ces phrases au présent et place les verbes dans la grille.

1. L'oiseau sifflait. ....
2. Les enfants chantaient. ....
3. Tu roulais lentement. ....
4. Je trouvais la réponse. ....
5. Elle éternuait souvent. ....
6. Nous coupions le ruban. ....
7. Vous marchiez vite. ....
8. Tu triais les outils. ....

VERBES EN ...*GER*

je ...*ge*	nous ...*geons*
tu ...*ges*	vous ...*gez*
il, elle ...*ge*	ils, elles ...*gent*

Écris ces phrases au présent et place les verbes dans la grille.

1. Nous chargions le coffre. ....
2. Vous nagerez bien. ....
3. Nous logerons au premier. ....
4. Nous voltigerons. ....
5. Nous plongeons de haut. ....
6. Vous bougiez beaucoup. ....
7. Les souris mangeront le fromage. ....
8. Tu dirigeais l'orchestre. ....

EN ... *YER*

je ...*ie*	nous ...*yons*
tu ...*ies*	vous ...*yez*
il, elle ...*ie*	ils, elles ...*ient*

Écris ces phrases au présent et place les verbes dans la grille.

1. Il appuyait sur le bouton. ....
2. Le chien aboyait. ....
3. Tu essuyais la vaisselle. ....
4. Tu essayais de réussir. ....
5. Elles se noyaient. ....
6. Vous paierez demain. ....
7. Nous balaierons la salle. ....

VERBES EN ...*DRE*

je ...*ds*	nous ...*dons*
tu ...*ds*	vous ...*dez*
il, elle ...*d*	ils, elles ...*dent*

Écris ces phrases au présent et place les verbes dans la grille.

1. Je tordais la serviette. ....
2. Les poules pondaient. ....
3. J'attendais le train. ....
4. Le chien mordait. ....
5. Vous tondiez la pelouse. ....
6. Tu entendais bien. ....
7. La neige fondait. ....
8. Nous tendions les bras. ....

EN ...*INDRE*

je ...*ins*	nous ...*ignons*
tu ...*ins*	vous ...*ignez*
il, elle ...*int*	ils, elles ...*ignent*

Écris ces phrases au présent et place les verbes dans la grille.

1. Elles teindront leur robe. ....
2. Vous éteigniez la lumière. ....
3. Nous rejoindrons notre ami. ....
4. Il se plaignait toujours. ....
5. Elle craignait le froid. ....
6. Le bébé geindra. ....
7. J'atteindrai mon but. ....
8. Tu peindras la fenêtre.

....

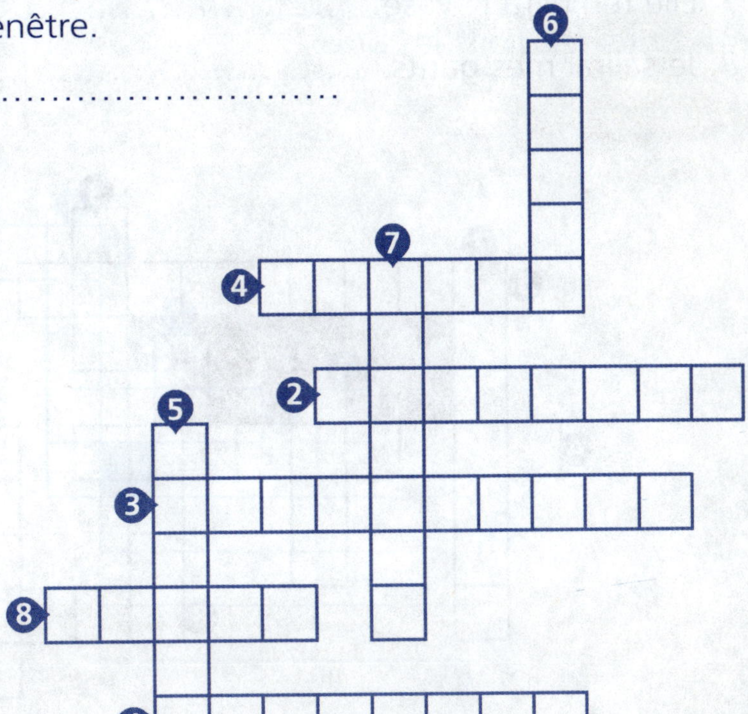

AUTRES VERBES

je ...*s*
tu ...*s*
il, elle ...*t*

Écris ces phrases au présent et place les verbes dans la grille.

1. Je tenais sa main. ....
2. Je partirai à 8 h. ....
3. Il riait. ....
4. J'applaudirai. ....
5. Il réfléchira. ....
6. Tu obéissais. ....
7. Elle remplira le vase. ....
8. Je salirai mes gants. ....

VERBES IRRÉGULIERS

Écris ces phrases au présent et place les verbes dans la grille.

1. Je pouvais plonger. ....
2. Nous ferons la vaisselle. ....
3. Nous verrons demain. ....
4. Il voulait rouler vite. ....
5. J'allais me mettre en colère. ....
6. Je mettrai un chapeau. ....
7. Il pourra s'asseoir. ....
8. Vous ferez du poney. ....

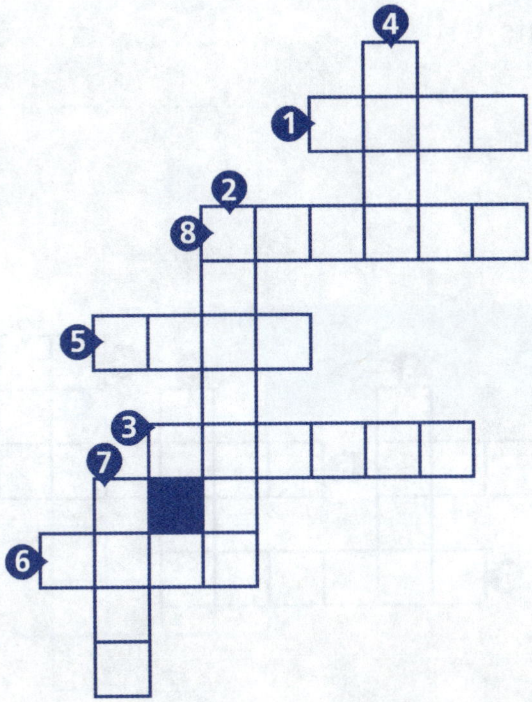

TOUS VERBES

- verbe en ...*er*	je ...*e*	tu ...*es*	il, elle ...*e*
- verbe en ...*dre*	je ...*ds*	tu ...*ds*	il, elle ...*d*
- autre verbe	je ...*s*	tu ...*s*	il, elle ...*t*

Écris ces phrases au présent et place les verbes dans la grille.

1. Il attendra le bus. ....
2. Je grognais d'impatience. ....
3. Il servait dans un bar. ....
4. Je mentais souvent. ....
5. Elle vendra son vélo. ....
6. Je prendrai un café. ....
7. Je riais aux éclats. ....
8. Je criais de joie. ....

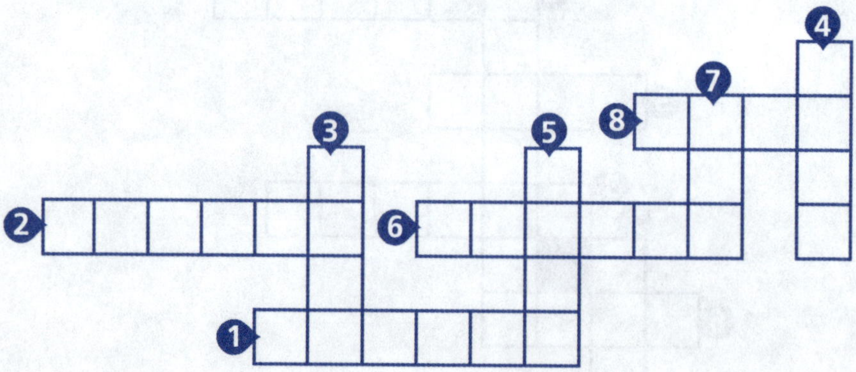

TOUS VERBES

- verbe en …*er*	je …*e*	tu …*es*	il, elle …*e*
- verbe en …*dre*	je …*ds*	tu …*ds*	il, elle …*d*
- autre verbe	je …*s*	tu …*s*	il, elle …*t*

Mets ce texte à l'indicatif présent et place les verbes dans la grille, sauf les infinitifs et le verbe avoir.

Un gentilhomme épousa (1) en secondes noces une femme hautaine et fière. Elle avait deux filles qui lui ressemblaient (2) en toutes choses. Le mari avait de son côté une jeune fille, mais d'une douceur et d'une bonté sans exemple ; elle tenait (3) cela de sa mère, qui était (4) la meilleure femme du monde. Les noces ne furent (5) pas plutôt faites, que la belle-mère fit (6) éclater sa mauvaise humeur ; elle ne put (7) souffrir les bonnes qualités de cette jeune enfant, qui rendaient (8) ses filles encore plus haïssables. Elle la chargea (9) des plus viles occupations de la maison : la jeune fille nettoyait (10) la vaisselle, frottait (11) la chambre de madame, et celles de mesdemoiselles ses filles. Elle couchait (12) tout en haut de la maison, dans un grenier, sur une méchante paillasse.

(d'après *Cendrillon*, conte de Charles Perrault)

1. ………………………………
2. ………………………………
3. ………………………………
4. ………………………………
5. ………………………………
6. ………………………………
7. ………………………………
8. ………………………………
9. ………………………………
10. ………………………………
11. ………………………………
12. ………………………………

TOUS VERBES

- verbe en ...*er*	je ...*e*	tu ...*es*	il, elle ...*e*
- verbe en ...*dre*	je ...*ds*	tu ...*ds*	il, elle ...*d*
- autre verbe	je ...*s*	tu ...*s*	il, elle ...*t*

Mets ce texte à l'indicatif présent et place les verbes dans la grille, sauf les infinitifs et le verbe avoir.

Le fils du roi mit (1) Cendrillon à la place d'honneur, et ensuite la prit (2) pour la mener danser : elle dansa (3) avec tant de grâce, qu'on l'admira (4) encore davantage. On apporta (5) une fort belle collation, dont le jeune prince ne mangea (6) point, tant il était (7) occupé à la contempler. Elle alla (8) s'asseoir auprès de ses sœurs, et leur fit (9) mille honnêtetés. Lorsqu'elles causaient (10) ainsi, Cendrillon entendit (11) sonner onze heures trois quarts : elle partit (12) aussi vite qu'elle put (13).

(d'après *Cendrillon*, conte de Charles Perrault)

1. ....
2. ....
3. ....
4. ....
5. ....
6. ....
7. ....
8. ....
9. ....
10. ....
11. ....
12. ....
13. ....

LE FUTUR DE L'INDICATIF

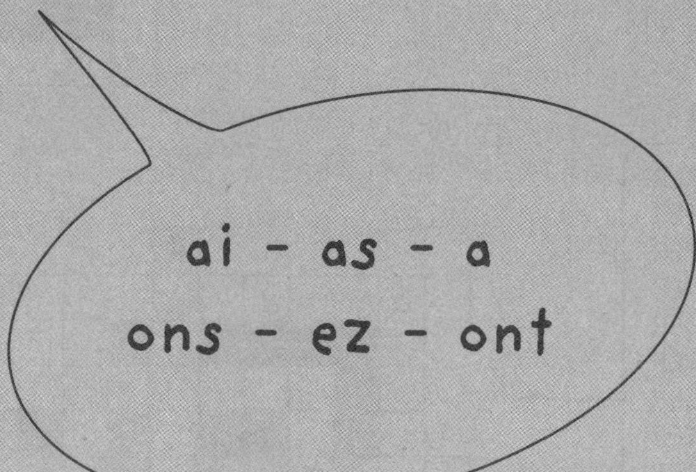

VERBES EN ...*ER*

je ...*erai*	nous ...*erons*
tu ...*eras*	vous ...*erez*
il, elle ...*era*	ils, elles ...*eront*

NAGER →
(je, tu, elle,
nous, vous, ils)

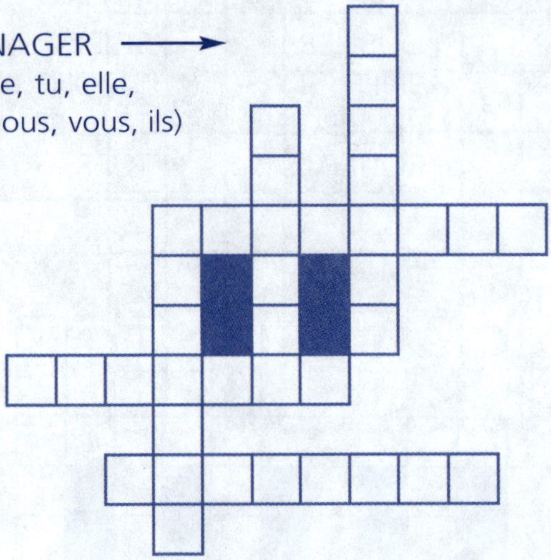

ARRÊTER
CHANTER
PARLER
PLONGER
SÉCHER
TIRER

CIRER
CITER
COÛTER
DANSER
DEMANDER
LEVER
OSER
ÔTER
PRÊTER
RÊVER
SOUFFLER
TÂTER
TESTER

EN …*IER*, …*UER*, …*OUER*

je …*erai*	nous …*erons*
tu …*eras*	vous …*erez*
il, elle …*era*	ils, elles …*eront*

ATTENTION !

Le « e » ne s'entend pas.

CRIER
(je, tu,
il, nous,
vous, ils) →

CLOUER
LIER
OUBLIER
PRIER
REMERCIER
ROUER
RUER
SCIER
TATOUER
TROUER
TUER

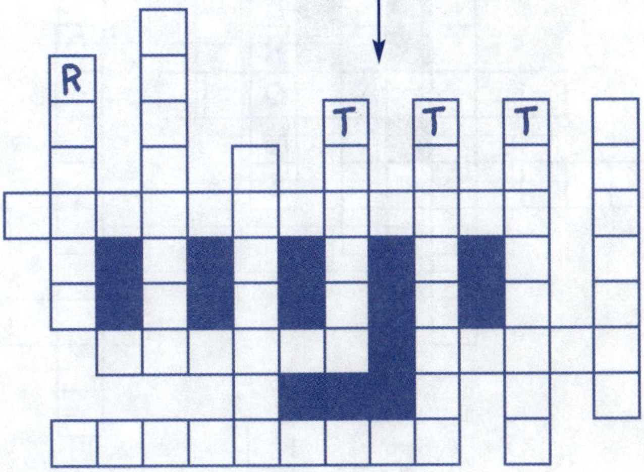

ASSISTER
ASSOMMER
AVOUER
CHÂTIER
COLORIER
COPIER
EXPÉDIER
LAPER
MENDIER
PARIER
SUER
TESTER

VERBES EN … *YER*

je …*ierai*	nous…*ierons*
tu …*ieras*	vous …*ierez*
il, elle …*iera*	ils, elles …*ieront*

BROYER →
(je, tu,
elle, nous,
vous, elles)

BÉGAYER
DÉBLAYER
EMPLOYER
ENNUYER
FLAMBOYER
LIER
NETTOYER
NOYER
PLOYER
TUTOYER

Révise…

EMPLOYER
ESSUYER
FIER
LIER
REMERCIER
RENOUER
RENTRER
RUDOYER
SUER
SUPPLIER
TUER

EN ...*DRE*

je ...*drai*	nous ...*drons*
tu ...*dras*	vous ...*drez*
il, elle ...*dra*	ils, elles ...*dront*

TORDRE →
(je, tu,
il, nous,
vous, elles)

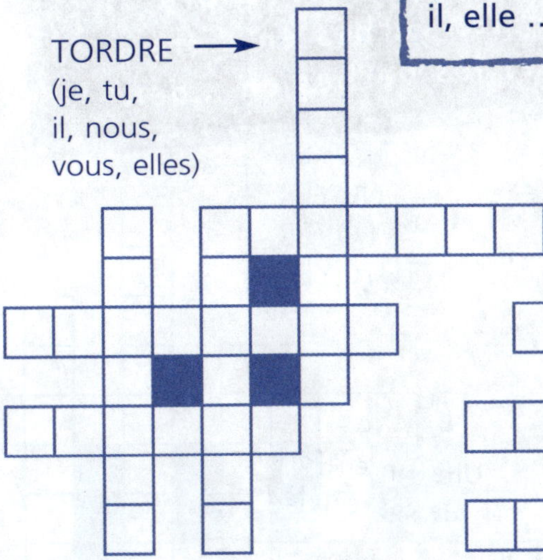

ATTENDRE
COUDRE
DESCENDRE
ENTENDRE
MORDRE
PENDRE
PONDRE
PRENDRE
REPRENDRE
SUSPENDRE
TONDRE
TORDRE

Révise...

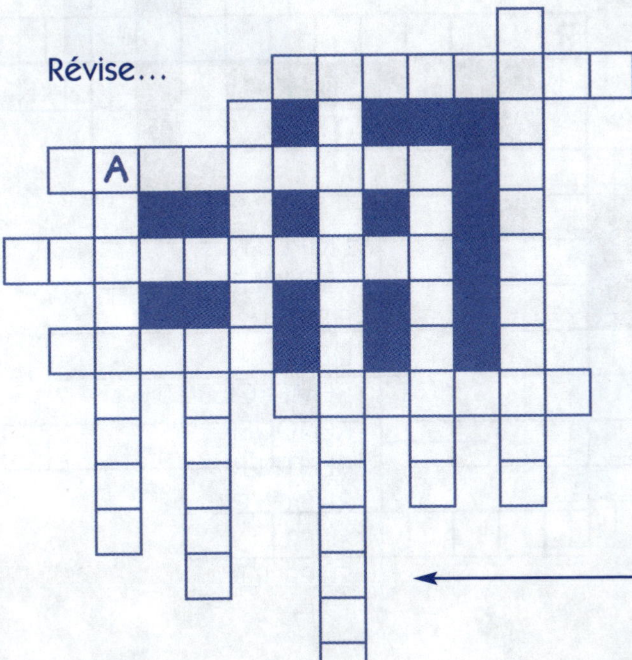

APPUYER
BARRER
COMPRENDRE
ÉPIER
FENDRE
LÂCHER
NIER
PHOTOGRAPHIER
RENDRE
RÉPANDRE
SITUER

VERBES EN *...DRE*, *...DER*

- verbe en ...*dre*	je ...*drai*
- verbe en ...*der*	je ...*derai*

ATTENTION !
Ne pas confondre les verbes en ...dre et les verbes en ...der.

Révise...

GARDER →
(je, tu, il, nous, vous, elles)

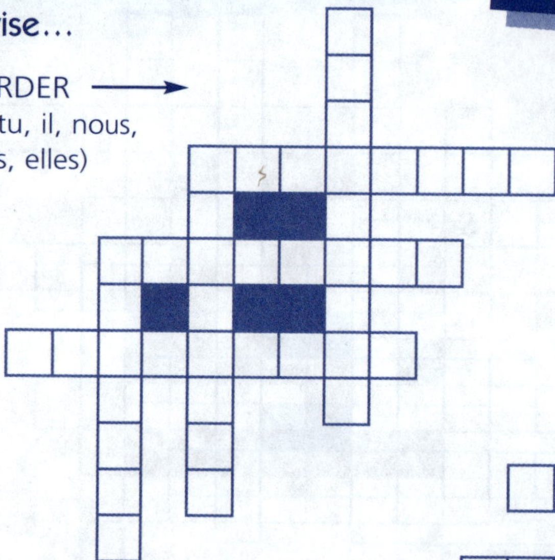

Une fin en forme de casse-tête !

AIDER
BOUDER
BRADER
CÉDER
DEMANDER
FONDER
FONDRE
GRONDER
RACCOMMODER
RÉPONDRE
RÔDER
SIROTER
SONDER
SOUDER
TONDRE
TORDRE
→

EN ...*INDRE*

je ...*drai*	nous ...*drons*
tu ...*dras*	vous ...*drez*
il, elle ...*dra*	ils, elles ...*dront*

ATTENTION !

Les verbes en ...indre se conjuguent comme les verbes en ...dre.

ÉTEINDRE →
(je, tu, elle, nous, vous, ils)

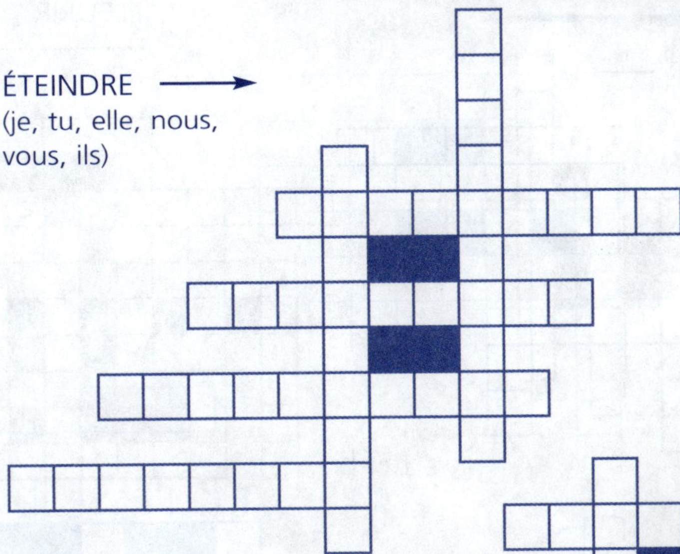

Révise...

ABORDER
ABOYER
ATTEINDRE
CASSER
CRAINDRE
DÉPLOYER
DÉVIER
INCENDIER
JOUER
LOUER
NIER
PEINDRE
RENIER
RÔDER
SERRER
TARDER
TEINDRE
→

AUTRES VERBES (SAUF VERBES EN *...ER*, *...DRE*)

je ...*irai*
tu ...*iras*
il, elle ...*ira*
nous ...*irons*
vous ...*irez*
ils, elles ...*iront*

AGIR
CHOISIR
DORMIR
FINIR
FLEURIR
MAUDIRE
NUIRE
PARTIR
POURRIR
PUNIR
RIRE
SAISIR
SALIR
SORTIR
TAIRE
TIÉDIR

SORTIR → (je, tu, il, nous, vous, ils)

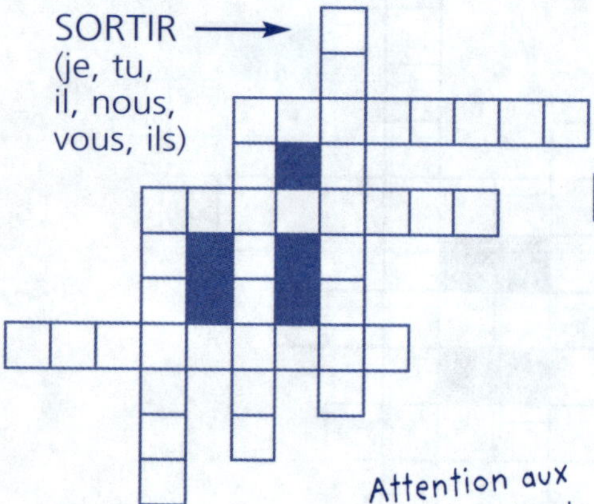

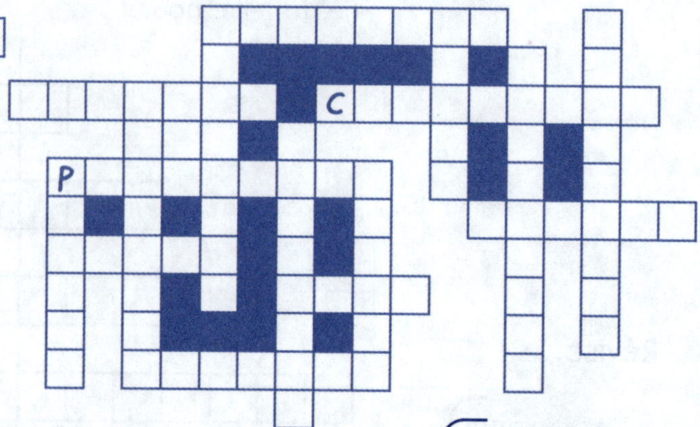

Attention aux fausses pistes !

Révise...

AIDER
BLANCHIR
COUDRE
CRIER
CROIRE
DRAPER
ENNUYER
FENDRE
FONDRE
MOLLIR
OUBLIER
PUBLIER
RACCOURCIR
RAILLER
RALLIER
RÉTRÉCIR
VENDRE

VERBES IRRÉGULIERS COURANTS
(je, tu, il/elle, nous, vous, ils/elles)

ALLER

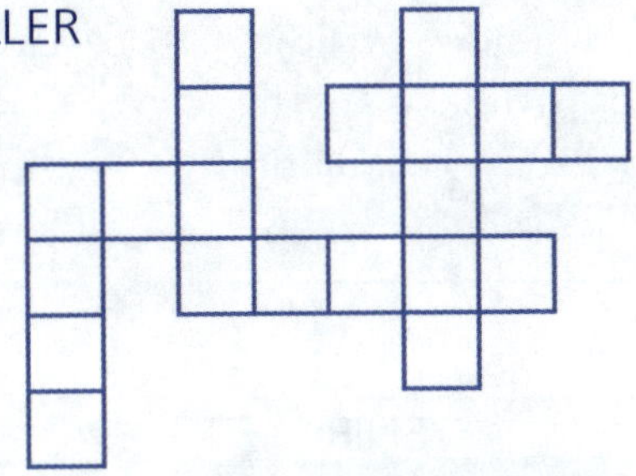

DEVOIR

AVOIR

FAIRE

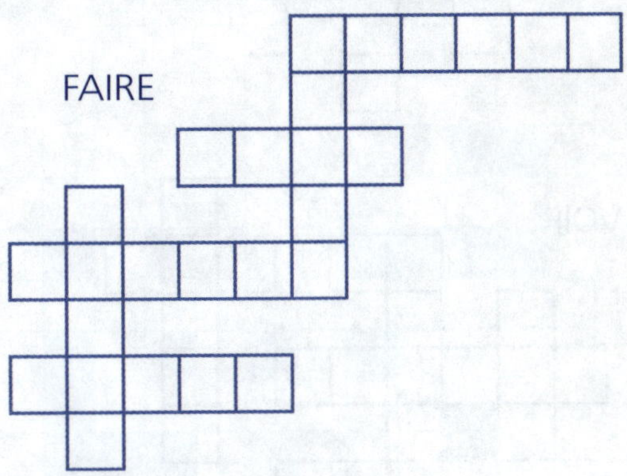

ÊTRE

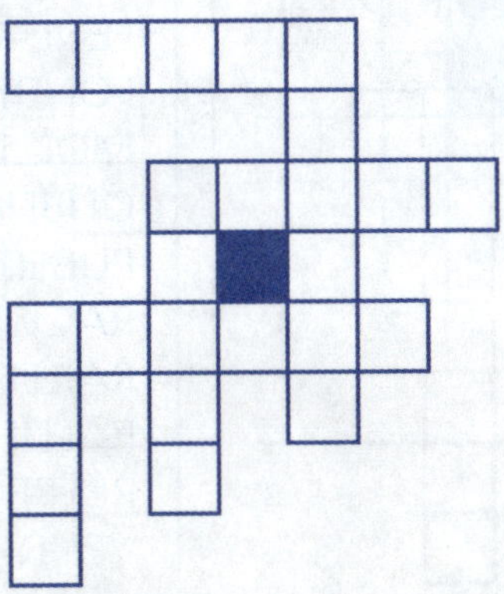

VERBES IRRÉGULIERS COURANTS
(je, tu, il/elle, nous, vous, ils/elles)

POUVOIR

VENIR

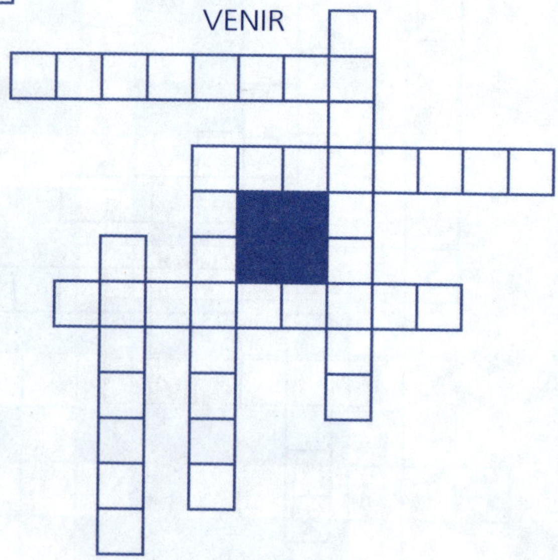

SAVOIR

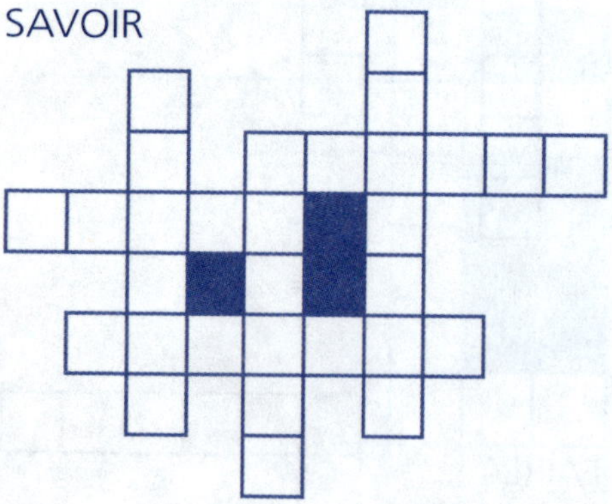

VOIR

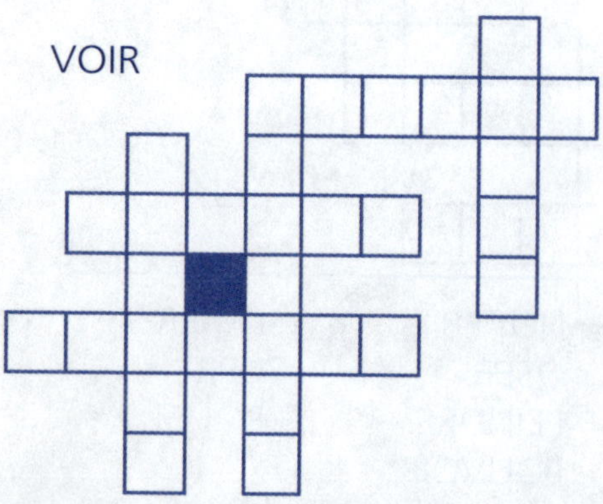

VOULOIR

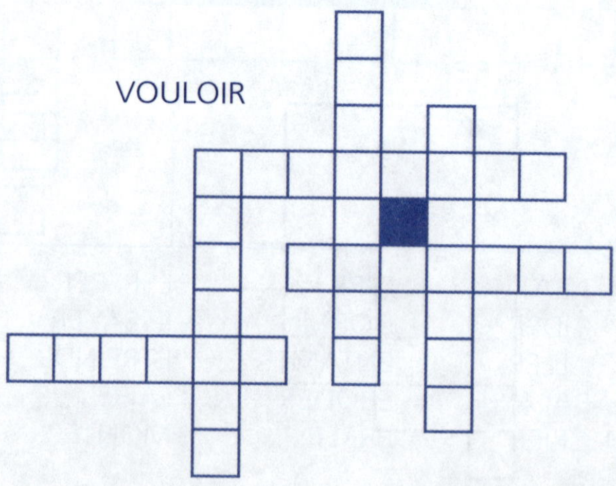

RÉVISION GÉNÉRALE

Pour chaque verbe, trouve une conjugaison à la personne qui convient et place-la dans la grille.

ABATTRE	DIRE	ESPÉRER	NOYER	SERRER
AIDER	DORMIR	ESSAYER	OSER	SUER
ALLER	ENTAMER	ÉTREINDRE	PEINDRE	TROUER
BALAYER	ÉRODER	FAIRE	POUVOIR	
CRIER	ERRER	MONTER	RÉPONDRE	

GRILLE INVENTÉE PAR DES ENFANTS

Pour chaque verbe, trouve une conjugaison à la personne qui convient et place-la dans la grille.

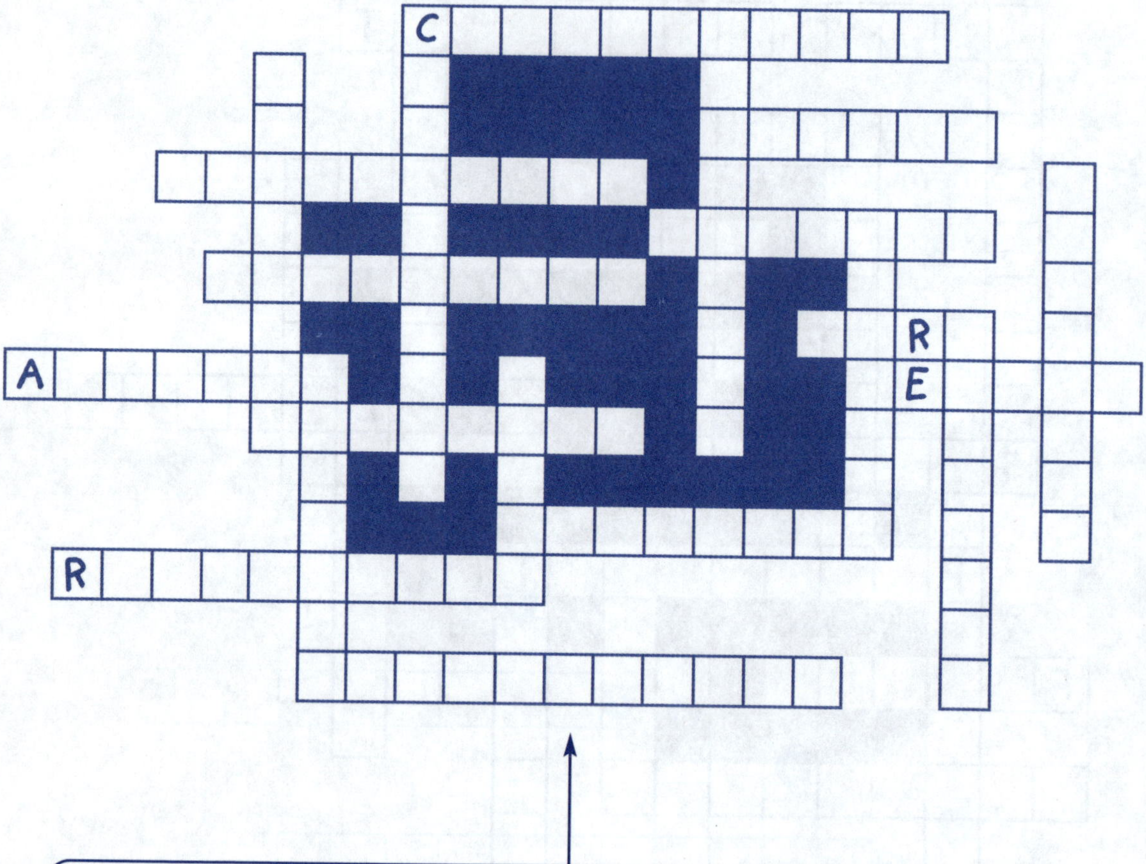

ADMETTRE	ASPIRER	ÉLIRE	NOMMER	REMUER
AIDER	COMPLÉTER	LIRE	REDIRE	SONNER
ALLER	CONDUIRE	MENTIR	RELIER	SORTIR
APPRÊTER	DEMANDER	MORDRE	REMPLIR	TOMBER

VERBES EN ...*ER*

je ...*erai*	nous ...*erons*
tu ...*eras*	vous ...*erez*
il, elle ...*era*	ils, elles ...*eront*

Écris ces phrases au futur et place les verbes dans la grille.

1. Je nage bien. ....
2. Tu cires tes chaussures. ....
3. Ils parlent fort. ....
4. Elle chante. ....
5. Vous n'osez pas ? ....
6. Ils cherchent la sortie. ....
7. Nous gardons la maison. ....
8. Je ferme la porte. ....

VERBES EN *...IER*, *...UER*, *...OUER*

je ...*erai*	nous ...*erons*
tu ...*eras*	vous ...*erez*
il, elle ...*era*	ils, elles ...*eront*

Écris ces phrases au futur et place les verbes dans la grille.

1. Le cheval rue. ....
2. Le menuisier scie la planche. ....
3. Je n'oublie pas. ....
4. Vous copiez un texte. ....
5. Les voleurs avouent. ....
6. Tu sues beaucoup. ....
7. Je parie dix euros. ....
8. Nous jouons bien. ....

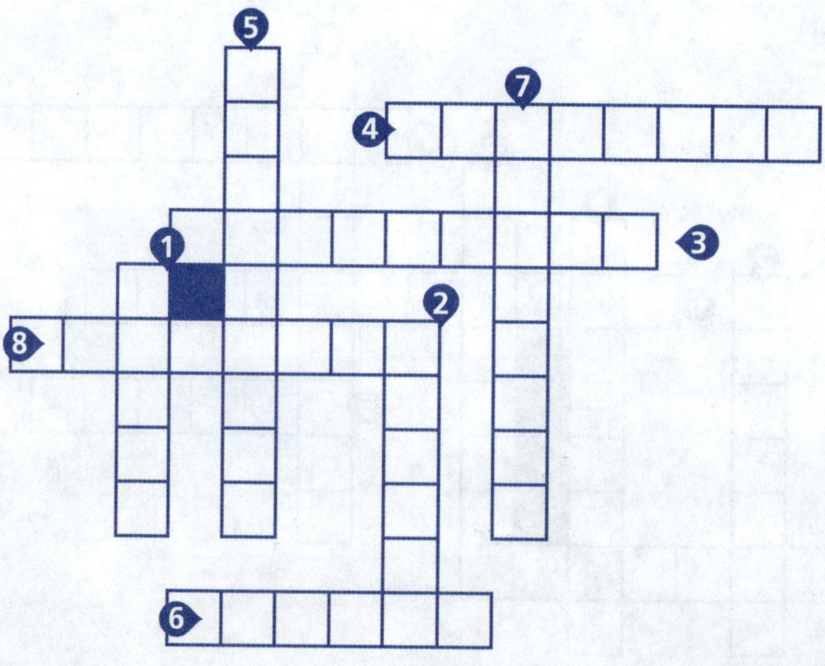

VERBES EN ...*YER*

je ...*ierai*	nous ...*ierons*
tu ...*ieras*	vous ...*ierez*
il, elle ...*iera*	ils, elles ...*ieront*

Écris ces phrases au futur et place les verbes dans la grille.

1. Je ne m'ennuie jamais. ....
2. Je nettoie la cuisine. ....
3. Tu broies du noir. ....
4. Elles se noient. ....
5. Vous appuyez sur le bouton. ....
6. Nous nous tutoyons. ....
7. J'emploie les grands moyens. ....
8. Il bégaie. ....

VERBES EN ...*DRE*

je ...*drai*	nous ...*drons*
tu ...*dras*	vous ...*drez*
il, elle ...*dra*	ils, elles ...*dront*

Écris ces phrases au futur et place les verbes dans la grille.

1. Nous descendons vite. ....
2. La poule pond. ....
3. Je prends le train. ....
4. Tu suspends tes habits. ....
5. Vous attendez la fin. ....
6. Ils tondent la pelouse. ....
7. Je me tords le doigt. ....
8. Ce chien ne mord pas. ....

AUTRES VERBES

je ...*irai*	nous ...*irons*
tu ...*iras*	vous ...*irez*
il, elle ...*ira*	ils, elles ...*iront*

Écris ces phrases au futur et place les verbes dans la grille.

1. Je pars demain. ....
2. Ils offrent un poème. ....
3. Tu dors profondément. ....
4. Il sort en cachette. ....
5. Nous choisissons. ....
6. Vous finissez tard ? ....
7. Ils se salissent. ....
8. Je ne punis pas. ....

VERBES IRRÉGULIERS

Écris ces phrases au futur et place les verbes dans la grille.

1. Je ne peux pas. ....
2. Il vient avec nous. ....
3. Je vais à la piscine. ....
4. Nous sommes heureux. ....
5. Vous faites une partie ? ....
6. Elles savent la vérité. ....
7. Je veux partir. ....
8. Je le sais. ....
9. Tu vois clair. ....

TOUS VERBES

- verbe en ...*er*	je ...*erai*	tu ...*eras*	il, elle ...*era*
- verbe en ...*dre*	je ...*drai*	tu ...*dras*	il, elle ...*dra*
- autre verbe	je ...*irai*	tu ...*iras*	il, elle ...*ira*

Écris ces phrases au futur et place les verbes dans la grille.

1. Je balaie la cour. ....
2. Elle crie trop fort. ....
3. Il troue ses vêtements. ....
4. Elle m'aide dans mes devoirs. ....
5. Nous éteignons la lumière. ....
6. Tu réponds au téléphone. ....
7. Il rit toujours. ....
8. Je dors longtemps. ....

TOUS VERBES

- verbe en …*er*	je …*erai*	tu …*eras*	il, elle …*era*
- verbe en …*dre*	je …*drai*	tu …*dras*	il, elle …*dra*
- autre verbe	je …*irai*	tu …*iras*	il, elle …*ira*

Mets ce texte au futur de l'indicatif et place les verbes dans la grille, sauf les infinitifs.

Par malheur, cet homme avait (1) la barbe bleue : cela le rendait (2) si laid et si terrible que tout le monde s'enfuyait (3) devant lui. Il demanda (4) à sa voisine l'une de ses filles en mariage, et lui laissa (5) le choix de celle qu'elle voudrait (6) lui donner. Barbe-Bleue, pour faire connaissance, les mena (7) avec leur mère, et trois ou quatre de leurs meilleures amies, et quelques jeunes gens du voisinage, à une de ses maisons de campagne, où on demeura (8) huit jours entiers.

(Extrait de *La Barbe-bleue*, conte de Charles Perrault)

1. ……………………………… 6. ………………………………

2. ……………………………… 7. ………………………………

3. ……………………………… 8. ………………………………

4. ………………………………

5. ………………………………

TOUS VERBES

- verbe en ...*er*	je ...*erai*	tu ...*eras*	il, elle ...*era*
- verbe en ...*dre*	je ...*drai*	tu ...*dras*	il, elle ...*dra*
- autre verbe	je ...*irai*	tu ...*iras*	il, elle ...*ira*

Même consigne.

Elle prit (1) donc la petite clef, et ouvrit (2) en tremblant la porte du cabinet. D'abord elle ne vit (3) rien, parce que les fenêtres étaient (4) fermées ; après quelques moments, elle commença (5) à voir du sang caillé sur le plancher. Elle pensa (6) mourir de peur, et la clef du cabinet qu'elle venait (7) de retirer de la serrure lui tomba (8) de la main. Après avoir un peu repris ses esprits, elle ramassa (9) la clef, referma (10) la porte, et monta (11) à sa chambre pour se remettre un peu...

(Extrait de *La Barbe-bleue*, conte de Charles Perrault)

1. ....
2. ....
3. ....
4. ....
5. ....
6. ....
7. ....
8. ....
9. ....
10. ....

TOUS VERBES

- verbe en ...*er*	je ...*erai*	tu ...*eras*	il, elle ...*era*
- verbe en ...*dre*	je ...*drai*	tu ...*dras*	il, elle ...*dra*
- autre verbe	je ...*irai*	tu ...*iras*	il, elle ...*ira*

Mets ce texte au futur de l'indicatif et place les verbes dans la grille, sauf les infinitifs.

À ce moment on heurta (1) si fort à la porte, que Barbe-Bleue s'arrêta (2) tout court : on ouvrit (3), et aussitôt on vit (4) entrer deux cavaliers qui, l'épée à la main, coururent (5) droit à Barbe-Bleue. Il reconnut (6) les frères de sa femme, l'un dragon et l'autre mousquetaire, de sorte qu'il s'enfuit (7) aussitôt pour se sauver ; mais les deux frères le poursuivirent (8) de si près, qu'ils l'attrapèrent (9) : ils lui passèrent (10) leur épée au travers du corps, et le laissèrent (11) mort.

(Extrait de *La Barbe-bleue*, conte de Charles Perrault)

1. ....
2. ....
3. ....
4. ....
5. ....
6. ....
7. ....
8. ....
9. ....
10. ....
11. ....

L'IMPARFAIT DE L'INDICATIF

ais - ais - ait
ions - iez - aient

VERBES EN *...ER*

je *...ais*	nous *...ions*
tu *...ais*	vous *...iez*
il, elle *...ait*	ils, elles *...aient*

Pour chaque verbe, trouve une conjugaison à la personne qui convient et place-la dans la grille.

TOMBER
(je, il, nous, vous, ils)

CHASSER
DÉPOSER
JETER
OSER
PESER
PÉTILLER
PINCER
RESTER
SAUTER
SPÉCULER
TROUSSER

ACCOUPLER
CRITIQUER
DONNER
GARER
INSISTER
LAVER
MANQUER
PANIQUER
REGARDER
SAVOURER
TAMISER
TÂTER

EN ... *GER*

Pour chaque verbe, trouve une conjugaison à la personne qui convient et place-la dans la grille.

je ...*eais*	nous ...*ions*
tu ...*eais*	vous ...*iez*
il, elle ...*eait*	ils, elles ...*eaient*

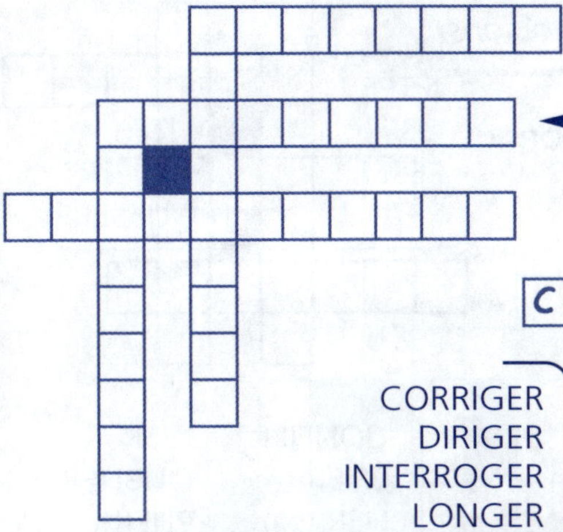

PLONGER
(je, il, nous, vous, elles)

CORRIGER
DIRIGER
INTERROGER
LONGER
NAGER
OBLIGER
PARTAGER
RANGER

Révise...

ARRANGER
ASSENER
BOTTER
BOUGER
DÉMONTER
DÉRANGER
FANER
FRÔLER
IMMIGRER
JUGER
MANGER
NAVIGUER
OBLIGER
SIÉGER
TIRER

VERBES EN ...*IER*, ...*UER*, ...*OUER*

- verbe en ...*ier*	je ...*iais*	nous ...*iions*
- verbe en ...*uer*	je ...*uais*	nous ...*uions*
- verbe en ...*ouer*	je ...*ouais*	nous ...*ouions*

Pour chaque verbe, trouve une conjugaison à la personne qui convient et place-la dans la grille.

PLONGER
(je, elle, nous, vous, ils)

CONFIER
ÉPIER
FIER (se)
LIER
MENDIER
MUER
NIER
OUBLIER
PLIER
SUER
SUPPLIER
TUER

Révise...

BOUGER
CHANGER
DÉPLIER
ENVIER
EXPÉDIER
FIER (se)
GAGER
NIER
PRIER
REMERCIER
RIRE
SOLDER
SONDER
SONGER
TROUVER
VISER

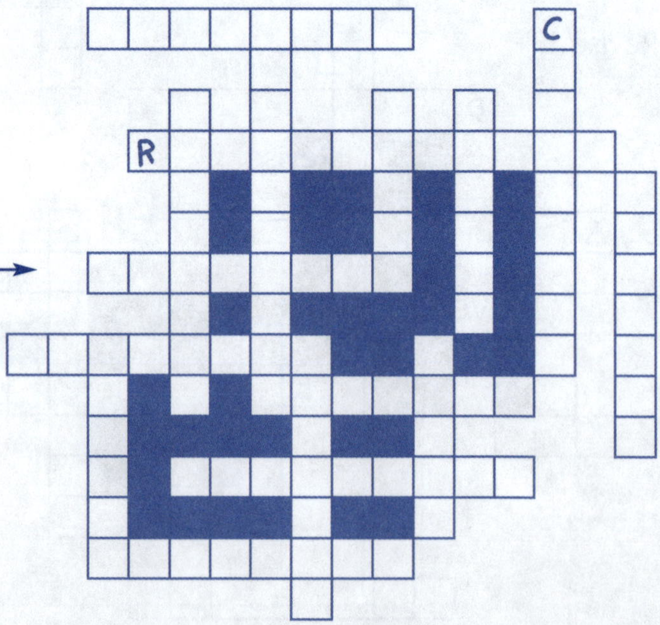

EN ... *YER*

je ...*yais*	nous ...*yions*
tu ...*yais*	vous ...*yiez*
il, elle ...*yait*	ils, elles ...*yaient*

Pour chaque verbe, trouve une conjugaison à la personne qui convient et place-la dans la grille.

BALAYER
(je, il, nous, vous, elles)

N'aie pas peur des terminaisons bizarres...

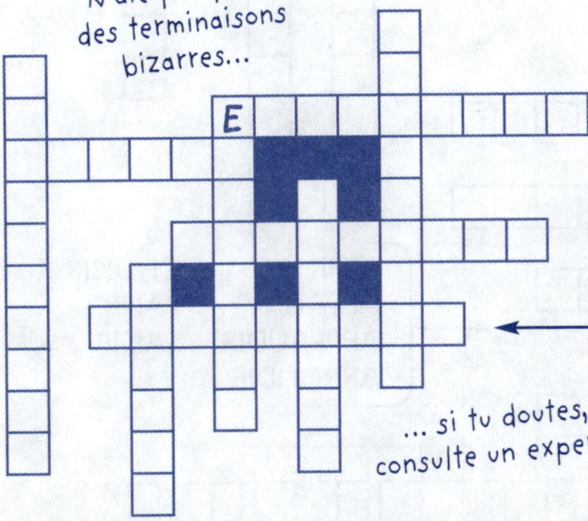

APPUYER
BALAYER
CHOYER
EMPLOYER
ESSUYER
NOYER
PAYER
RAYER
TUTOYER

... si tu doutes, consulte un expert !

Révise...

ALLIER
BROYER
ÉCHOUER
EMPLOYER
ENVOYER
ÉPIER
INSINUER
LANCER
RAGER
RELIER
SONGER
USER
VOTER

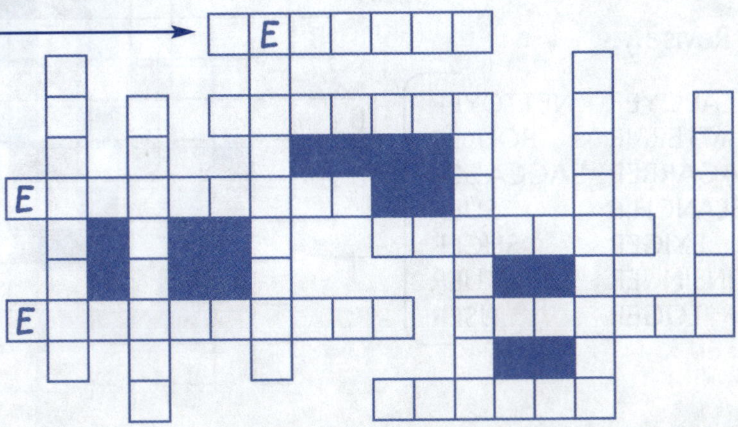

VERBES EN ...*IR* (...*ISSAIS*)

je ...*issais*	nous ...*issions*
tu ...*issais*	vous ...*issiez*
il, elle ...*issait*	ils, elles ...*issaient*

Pour chaque verbe, trouve une conjugaison à la personne qui convient et place-la dans la grille.

SALIR
(je, elle, nous, vous, ils)

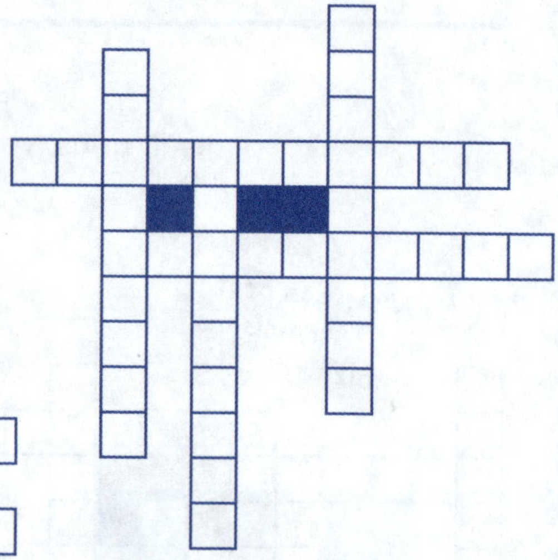

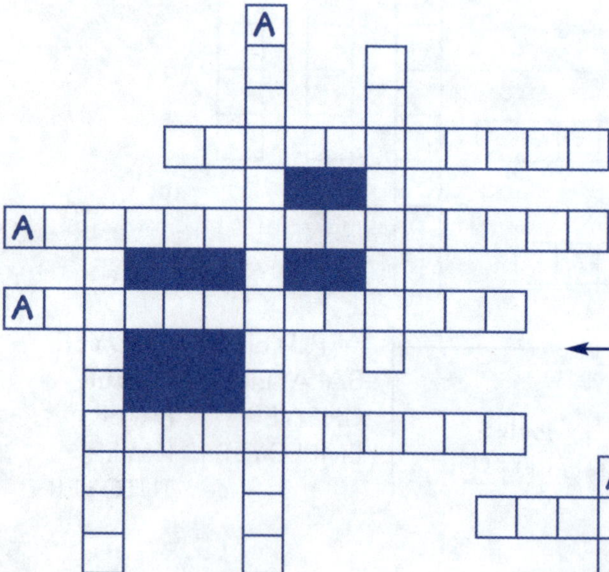

AGIR
APLATIR
APPLAUDIR
ARRONDIR
CHOISIR
PÂLIR
SAISIR

Révise...

ABOYER
ATTERRIR
BAGARRER
BLANCHIR
EXIGER
INSINUER
LOGER
NETTOYER
ROUGIR
SACCAGER
SUER
SUCER
TUER
USER

EN ...*DRE*

je ...*dais*	nous ...*dions*
tu ...*dais*	vous ...*diez*
il, elle ...*dait*	ils, elles ...*daient*

Pour chaque verbe, trouve une conjugaison à la personne qui convient et place-la dans la grille.

TORDRE
(je, il, nous, vous, elles)

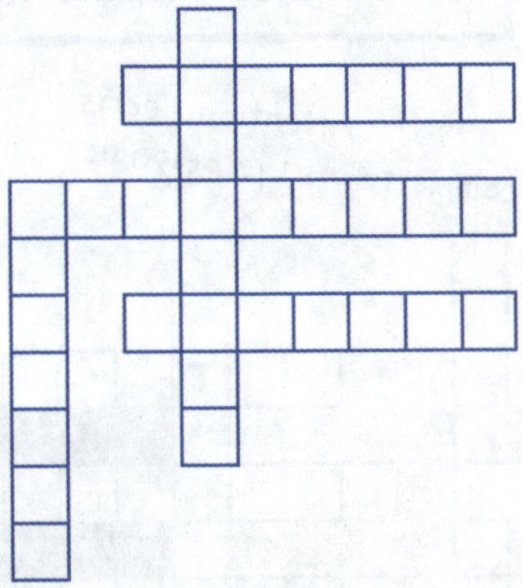

ENTENDRE
MORDRE
PRÉTENDRE
RENDRE
RÉPANDRE
RÉPONDRE
SOURDRE
TONDRE

Révise...

ATTERRIR
CONFIER
COPIER
EXPÉDIER
FOUDROYER
GÉMIR
MENDIER
NETTOYER
PATAUGER
PLACER
SUER
TUER

VERBES EN ...*INDRE*

je ...*gnais*	nous ...*gnions*
tu ...*gnais*	vous ...*gniez*
il, elle ...*gnait*	ils, elles ...*gnaient*

Pour chaque verbe, trouve une conjugaison à la personne qui convient et place-la dans la grille.

Attention ! écris comme tu dis : je peignais.

PEINDRE (je, il, nous, vous, ils)

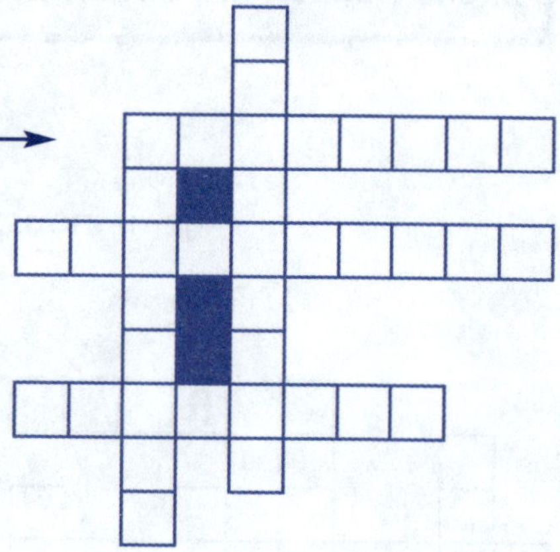

ATTEINDRE
CRAINDRE
DÉTEINDRE
ENFREINDRE
ÉTEINDRE
PEINDRE
PLAINDRE
REJOINDRE

Révise...

AMORTIR
ATTISER
BRILLER
GELER
HÉSITER
NAGER
NOTIFIER
PLAINDRE
RAYER
REPEINDRE
SACCAGER
TEINDRE
TIRAILLER
TRAVAILLER
TRIER

VERBES IRRÉGULIERS COURANTS

Pour chaque verbe, trouve une conjugaison à la personne qui convient et place-la dans la grille.

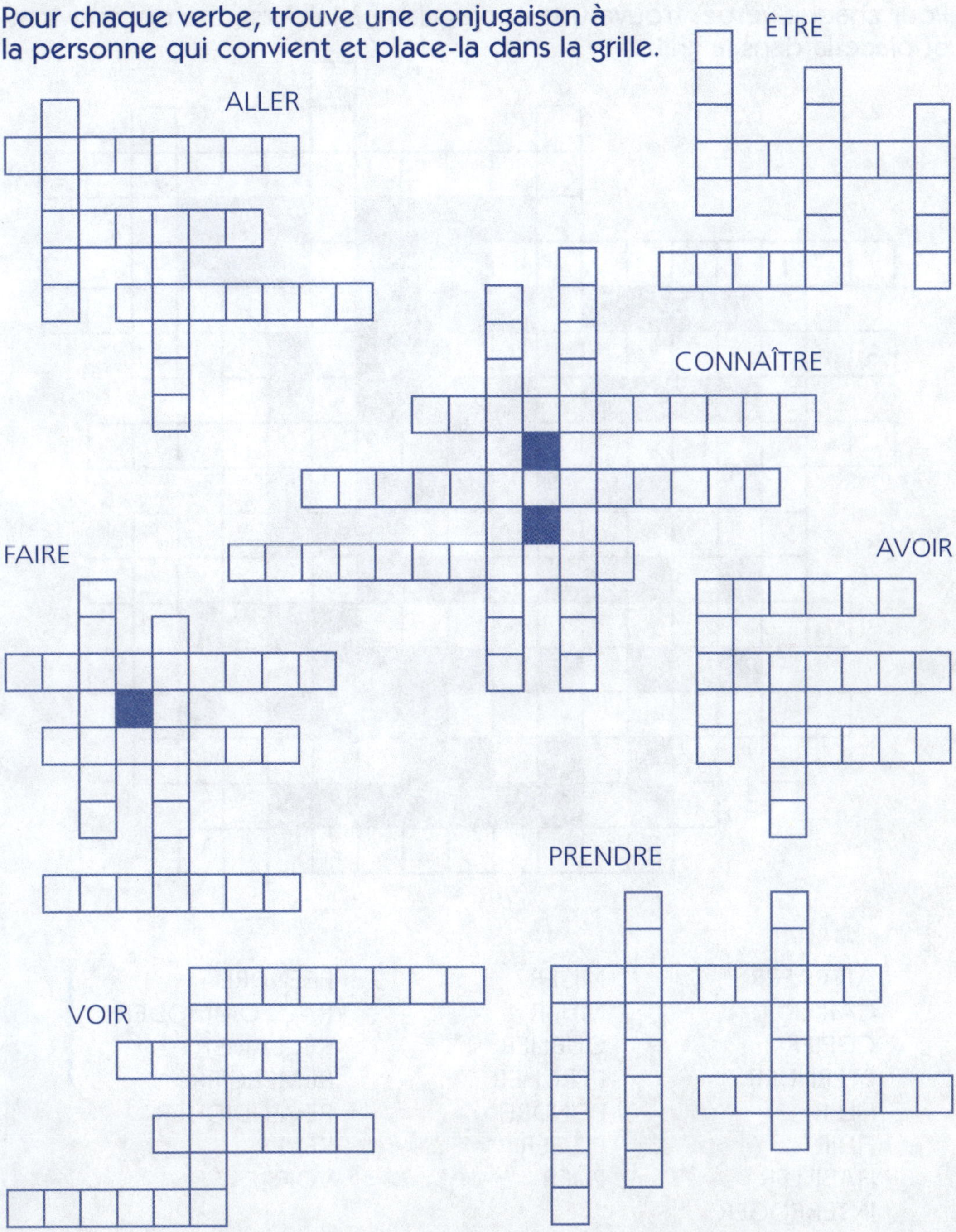

RÉVISION GÉNÉRALE

Pour chaque verbe, trouve une conjugaison à la personne qui convient et place-la dans la grille.

ATTRAPER
CARIER
COPIER
ÉTERNUER
FILER
FINIR
HABILLER
INTERROGER
MISER
MUER
OUBLIER
PERCHER
PEINDRE
PIÉGER
PLIER
PRENDRE
RACCOMMODER
RÉCLAMER
REMERCIER
REVENDIQUER
RÊVER
VOIR

RÉVISION GÉNÉRALE

Pour chaque verbe, trouve une conjugaison à la personne qui convient et place-la dans la grille.

Deux grilles très difficiles ! Pour spécialistes de l'imparfait !

BALAYER
BLÊMIR
BOUGER
COOPÉRER
DIRIGER
ÉPIER
ESSUYER
ÊTRE
FAIRE
FORGER
GÉMIR
INTRIGUER
LOGER
NIER
RELIER
SCIER
SECOUER
SUER
TUER

GRILLES INVENTÉES PAR DES ENFANTS

Pour chaque verbe, trouve une conjugaison à la personne qui convient et place-la dans la grille.

AFFRONTER
AIMER
CASSER
DÉCIMER
FRANCHIR
FRAPPER
NOMMER
OBÉIR
SURPRENDRE
TAPER

CAUSER
CHASSER
DÉTRUIRE
DISPUTER
ÊTRE
MATER
NOMMER
SUER
TENDRE
TIRER
TONDRE
TRIER
TROMPER
USER

VERBES EN ...*ER*

je ...*ais*	nous ...*ions*
tu ...*ais*	vous ...*iez*
il, elle ...*ait*	ils, elles ...*aient*

Écris ces phrases à l'imparfait et place les verbes dans la grille.

1. Il chasse le sanglier. ....
2. Je saute haut. ....
3. Je te les donne. ....
4. Elle pèse lourd. ....
5. Ils se lavent les mains. ....
6. Tu m'aides bien. ....
7. Vous n'osez pas. ....
8. Nous restons là. ....

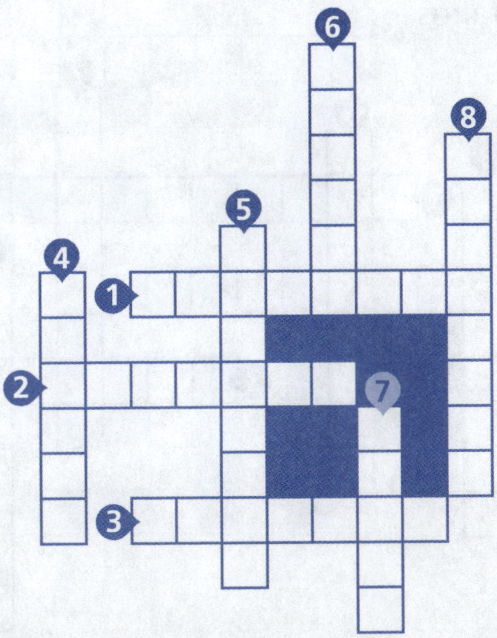

VERBES EN ...*GER*

je ...*geais*	nous ...*gions*
tu ...*geais*	vous ...*giez*
il, elle ...*geait*	ils, elles ...*geaient*

Écris ces phrases à l'imparfait et place les verbes dans la grille.

1. Les champions nagent vite. ....
2. Je corrige mes erreurs. ....
3. Nous logeons ici. ....
4. Il juge en son âme et conscience. ....
5. Vous vous dirigez vers la gauche. ....
6. Elle mange de tout. ....
7. Tu longes ce mur. ....
8. Je range mes affaires. ....

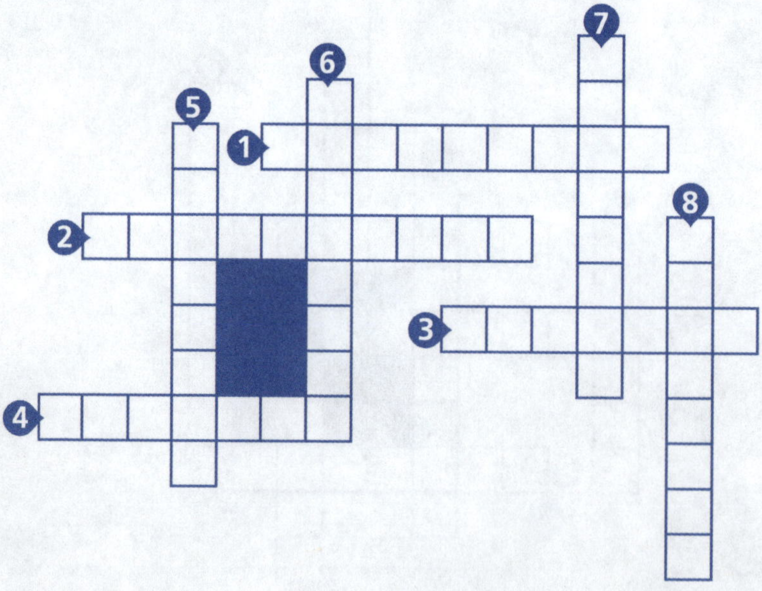

EN ...*IER*, ...*UER*

- verbes en ...*ier* :
je ...*iais* ; tu ...*iais* ; il/elle ...*iait* ; nous ...*iions* ; vous ...*iiez* ; ils/elles ...*iaient*
- verbes en ...*uer* :
je ...*uais* ; tu ...*uais* ; il/elle ...*uait* ; nous ...*uions* ; vous ...*uiez* ; ils/elles ...*uaient*

Écris ces phrases à l'imparfait et place les verbes dans la grille.

1. Nous n'oublions pas. ....
2. Vous suez à grosses gouttes. ....
3. Vous clouez la planche. ....
4. Je plie ma feuille. ....
5. Vous jouez bien. ....
6. Nous vous prions de rester. ....
7. Nous nous confions à vous. ....
8. Nous lions connaissance. ....

VERBES EN ... *YER*

je ...*yais*	nous ...*yions*
tu ...*yais*	vous ...*yiez*
il, elle ...*yait*	ils, elles ...*yaient*

Écris ces phrases à l'imparfait et place les verbes dans la grille.

1. Ils te tutoient ? ....
2. Vous employez les grands moyens. ....
3. J'essuie la vaisselle. ....
4. Nous ne payons pas. ....
5. Nous vous envoyons un e-mail. ....
6. Tu appuies trop fort. ....
7. Vous balayez la pièce. ....
8. Elle s'ennuie toute seule. ....

EN ...*INDRE*

je ...*gnais*	nous ...*gnions*
tu ...*gnais*	vous ...*gniez*
il, elle ...*gnait*	ils, elles ...*gnaient*

Écris ces phrases à l'imparfait et place les verbes dans la grille.

1. Elle repeint sa chambre. ....
2. Ils atteignent la limite. ....
3. Nous nous plaignons. ....
4. Tu éteins la lumière. ....
5. Vous nous rejoignez ici. ....
6. Je peins sur la soie. ....
7. Elle craint le froid. ....
8. Cette robe déteint. ....

VERBES IRRÉGULIERS

Écris ces phrases à l'imparfait et place les verbes dans la grille.

1. Vous venez ensemble. ....
2. Tu as faim. ....
3. Les enfants font la fête. ....
4. Il va bien. ....
5. Nous voyons le sommet. ....
6. Il fait chaud. ....
7. Je suis là. ....
8. Je veux recommencer. ....

TOUS VERBES

je ...*ais*	nous ...*ions*
tu ...*ais*	vous ...*iez*
il, elle ...*ait*	ils, elles ...*aient*

Écris ces phrases à l'imparfait et place les verbes dans la grille.

1. J'agis pour le mieux. ....
2. Vous niez l'évidence. ....
3. Nous balayons la terrasse. ....
4. Ils éteignent les bougies. ....
5. Nous remuons beaucoup. ....
6. Elle fait ses devoirs. ....
7. Je corrige mes fautes. ....
8. Tu vas à la piscine. ....

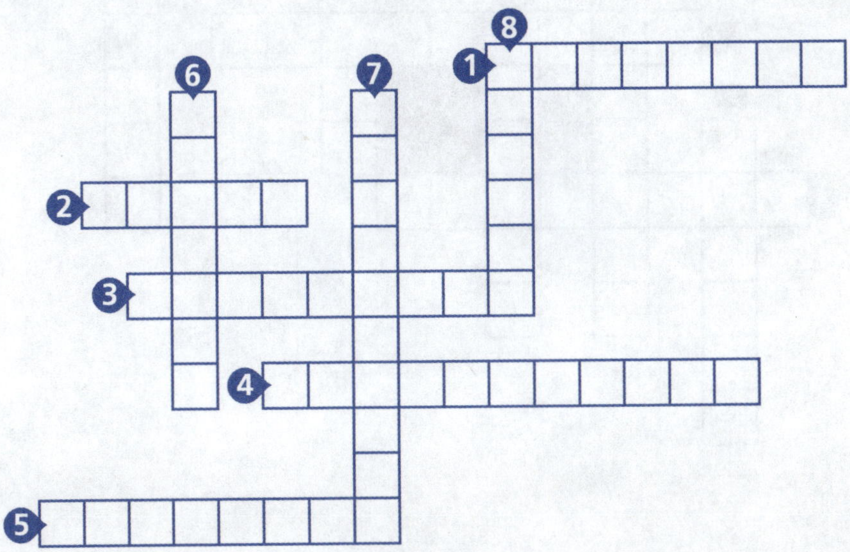

TOUS VERBES

je ...*ais*	nous ...*ions*
tu ...*ais*	vous ...*iez*
il, elle ...*ait*	ils, elles ...*aient*

Mets ce texte à l'imparfait et place les verbes dans la grille, sauf les infinitifs.

La bonne vieille, bien embarrassée, crie (1) au secours : on vient (2) de tous côtés, on jette (3) de l'eau au visage de la princesse, on la délace (4), on lui frappe (5) dans les mains, on lui frotte (6) les tempes avec de l'eau de la reine de Hongrie ; mais rien ne la fait (7) revenir. Alors le roi se souvint (8) de la prédiction des fées.

(d'après *La Belle au bois dormant*, conte de Charles Perrault)

TOUS VERBES

je ...*ais*	nous ...*ions*
tu ...*ais*	vous ...*iez*
il, elle ...*ait*	ils, elles ...*aient*

Mets ce texte à l'imparfait et place les verbes dans la grille, sauf les infinitifs.

Au bout de cent ans, le fils du roi qui règne (1) alors, et qui est (2) d'une autre famille que la princesse endormie, demande (3) pourquoi il y a (4) ces tours qu'il voit (5) au-dessus d'un grand bois fort épais ; chacun lui répond (6) comme il peut (7). Les uns disent (8) qu'il s'agit (9) d'un vieux château où des esprits reviennent (10) ; les autres que tous les sorciers de la contrée y font (11) leur sabbat.

(d'après *La Belle au bois dormant*, conte de Charles Perrault)

TOUS VERBES

je ...*ais*	nous ...*ions*
tu ...*ais*	vous ...*iez*
il, elle ...*ait*	ils, elles ...*aient*

Mets ce texte à l'imparfait et place les verbes dans la grille, sauf les infinitifs.

Cependant, tout le palais se réveille (1) avec la princesse ; chacun songe (2) à faire sa tâche, et comme ils ne sont (3) pas tous amoureux, ils meurent (4) de faim ; la dame d'honneur, pressée comme les autres, s'impatiente (5) et dit (6) tout haut à la princesse de se dépêcher. Le prince aide (7) la princesse à se lever, mais il se garde (8) bien de lui dire qu'elle a (9) un collet monté.

(d'après *La Belle au bois dormant*, conte de Charles Perrault)

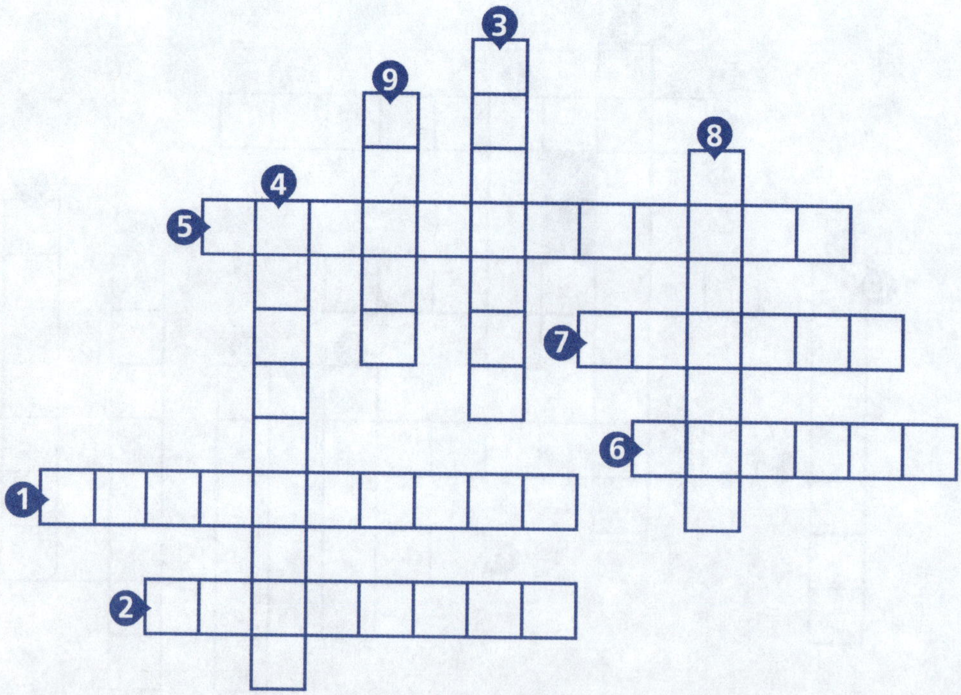

RÉVISION DES 3 TEMPS USUELS DE L'INDICATIF

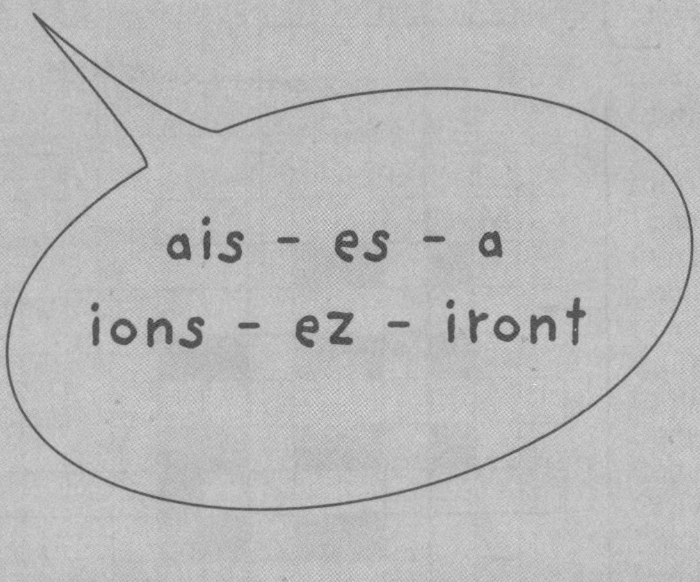

VERBES EN ...*ER*

Dans ces deux grilles, les verbes sont employés au temps indiqué entre parenthèses (pr. = présent, imp. = imparfait, fut. = futur).

AIDER (imp.)
ARROSER (pr.)
CASSER (fut.)
DANSER (fut.)
DÉLAVER (imp.)
DÉPOSER (fut.)
DÎNER (fut.)
DOMINER (pr.)
NICHER (pr.)
PASSER(fut.)
PRÊTER (pr.)
RÊVER (pr.)
TAPER (pr.)
TOISER (pr.)
TROUVER (imp.)
USER (pr.)

Pour jongler avec les temps !

ADORER (fut.)
AMUSER (imp.)
ARMER (fut.)
BAILLER (imp.)
DÉMÉRITER (pr.)
DÉPOSER (imp.)
EMMENER (imp.)
ENFILER (fut.)
ÉTRENNER (fut.)
FERMER (imp.)
FÊTER (imp.)
GARER (pr.)
NOTER (imp.)
OSER (imp.)
RODER (fut.)
SAUTER (pr.)
SIFFLER (imp.)
TIRER (pr.)

Pour chaque verbe, trouve une conjugaison à la personne qui convient et place-la dans la grille.

CHANGER (imp.)
CHARGER (pr.)
DÉGAGER (fut.)
FORGER (pr.)
GAGER (fut.)
JUGER (fut.)
LOGER (imp.)
NAGER (fut.)
NÉGLIGER (pr.)
PARTAGER (imp.)
PLONGER (imp.)
RANGER (pr.)
VENGER (pr.)
VOLTIGER (pr.)

ALLÉGER (imp.)
ASSERMENTER (fut.)
BOUGER (fut.)
DÉPÊCHER (imp.)
DIRIGER (imp.)
ÉPONGER (pr.)
ESTIMER (pr.)
ÉTIRER (imp.)
FUMER (fut.)
INONDER (pr.)
LIMITER (fut.)
LOUPER (fut.)
MONTER (pr.)
NOMMER (imp.)
OSER (pr.)
PORTER (pr.)
PLUMER (imp.)
RAMASSER (imp.)
SUCER (fut.)
UTILISER (fut.)

VERBES EN ...*IER*, ...*UER*, ...*OUER*

Pour chaque verbe, trouve une conjugaison à la personne qui convient et place-la dans la grille.

- ASSOCIER (imp.)
- CHÂTIER (fut.)
- DISTRIBUER (imp.)
- ÉCHOUER (fut.)
- ÉTERNUER (imp.)
- EXPÉDIER (fut.)
- INITIER (pr.)
- INJURIER (fut.)
- LIER (imp.)
- MENDIER (pr.)
- REMERCIER (imp.)
- RENIER (pr.)
- SECOUER (pr.)
- SITUER (fut.)

Révise…

- DÉDOMMAGER (imp.)
- DÉFIER (fut.)
- DÉNIER (pr.)
- DÉVIER (pr.)
- DIMINUER (fut.)
- ESTROPIER (fut.)
- FIER (se) (imp.)
- INONDER (pr.)
- MODIFIER (imp.)
- NÉGOCIER (fut.)
- ÔTER (pr.)
- PATAUGER (pr.)
- PLAGIER (fut.)
- PÊCHER (imp.)
- QUALIFIER (imp.)
- RAVAGER (imp.)
- SUER (imp.)
- USER (imp.)
- VIBRER (pr.)

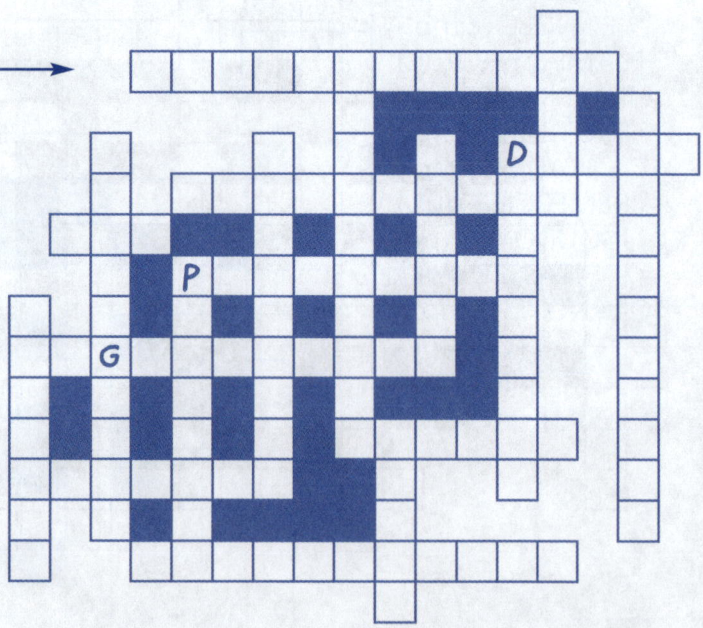

EN ... *YER*

Pour chaque verbe, trouve une conjugaison à la personne qui convient et place-la dans la grille.

- ABOYER (pr.)
- ABOYER (fut.)
- CONVOYER (fut.)
- DÉPLOYER (imp.)
- EMPLOYER (pr.)
- FESTOYER (imp.)
- GUERROYER (pr.)
- NETTOYER (imp.)
- NOYER (imp.)
- TUTOYER (fut.)

Révise...

- BROYER (pr.)
- ÉLEVER (imp.)
- ÉPINGLER (imp.)
- FLAMBOYER (fut.)
- INTERROGER (pr.)
- PROTÉGER (imp.)
- RADIER (imp.)
- REMERCIER (fut.)
- SOUDOYER (pr.)
- TASSER (fut.)
- TOURNOYER (imp.)`
- TUER (pr.)
- VIRER (pr.)
- VOLTIGER (imp.)

VERBES EN ...*DRE*

Pour chaque verbe, trouve une conjugaison à la personne qui convient et place-la dans la grille.

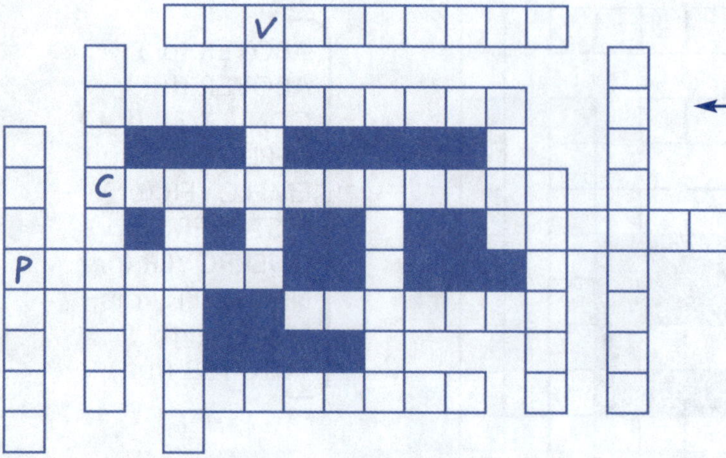

COMPRENDRE (fut.)
DÉFENDRE (pr.)
DESCENDRE (fut.)
DÉTENDRE (pr.)
ENTENDRE (imp.)
ENTENDRE (fut.)
MORDRE (imp.)
PENDRE (fut.)
PRÉTENDRE (pr.)
REVENDRE (fut.)
SURPRENDRE (pr.)
SUSPENDRE (fut.)
TENDRE (pr.)
TENDRE (fut.)
VENDRE (fut.)

Révise...

APPRENDRE (fut.)
AUTOPSIER (fut.)
BALAYER (fut.)
DONNER (pr.)
ENTENDRE (imp.)
EXIGER (imp.)
FIER (se) (pr.)
LIER (pr.)
MÉRITER (imp.)
NETTOYER (pr.)
NETTOYER (imp.)
NIER (pr.)
PLOYER (pr.)
POURFENDRE (fut.)
RÉPONDRE (pr.)
SAUPOUDRER (pr.)
SERRER (pr.)
SIMPLIFIER (imp.)
TATOUER (pr.)
TENDRE (pr.)

EN ...*IR* (...*ISSAIS*)

Pour chaque verbe, trouve une conjugaison à la personne qui convient et place-la dans la grille.

AFFRANCHIR (imp.)
AGIR (pr.)
APPLAUDIR (imp.)
APPLAUDIR (fut.)
ARRONDIR (fut.)
ASSAINIR (pr.)
ASSERVIR (pr.)
FRANCHIR (pr.)
EMBOUTIR (pr.)
INVESTIR (pr.)
MOISIR (pr.)
RETENTIR (pr.)
SAISIR (pr.)
SURGIR (pr.)
TERNIR (pr.)

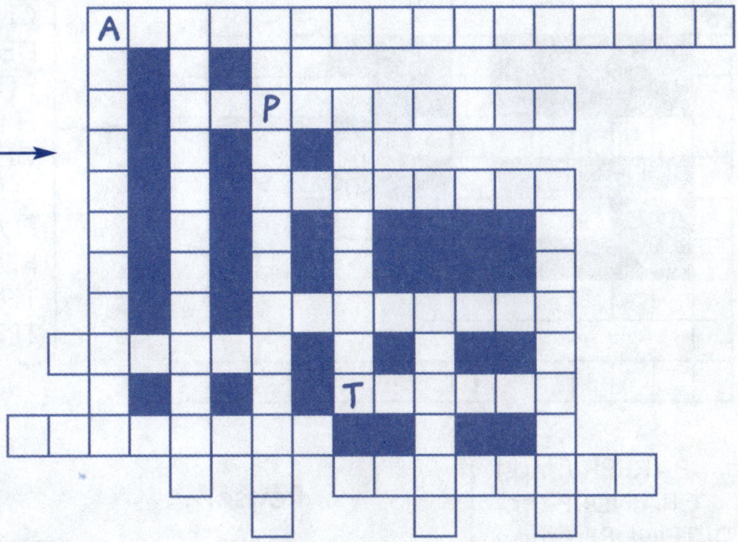

Révise...

AÉRER (pr.)
CLASSIFIER (imp.)
ÉCHANGER (imp.)
ENVIER (pr.)
ESSUYER (fut.)
FLEURIR (pr.)
GAGER (fut.)
GARNIR (fut.)
MONTER (pr.)
RÉFLÉCHIR (imp.)
RÉSILIER (imp.)
RETENTIR (fut.)
SUSPENDRE (imp.)
TÂTER (pr.)
TRIER (fut.)
USER (pr.)

VERBES EN ...*INDRE*

Pour chaque verbe, trouve une conjugaison à la personne qui convient et place-la dans la grille.

- ATTEINDRE (pr.)
- CRAINDRE (imp.)
- DÉTEINDRE (pr.)
- ÉTEINDRE (pr.)
- FEINDRE (imp.)
- GEINDRE (imp.)
- PEINDRE (pr.)
- PLAINDRE (fut.)
- REPEINDRE (fut.)
- TEINDRE (pr.)
- TEINDRE (imp.)

- BARRER (imp.)
- CRAINDRE (pr.)
- DÉTEINDRE (imp.)
- ÉCRIER (s') (fut.)
- EFFRAYER (imp.)
- ÉMERGER (pr.)
- ENNUYER (fut.)
- ÉTREINDRE (pr.)
- ÉTEINDRE (imp.)
- FLOUER (pr.)
- FONDRE (pr.)
- GAGNER (pr.)
- JOUER (fut.)
- OFFRIR (pr.)
- ÔTER (pr.)
- PEINDRE (pr.)
- PESER (pr.)
- PLAINDRE (fut.)
- PLIER (fut.)
- POSER (pr.)
- RÉPARER (fut.)
- TONDRE (pr.)
- UNIR (pr.)

Révise...

AVOIR, ÊTRE ET AUTRES VERBES

Pour chaque verbe, trouve une conjugaison à la personne qui convient et place-la dans la grille.

Avec le verbe AVOIR : des formes du présent, de l'imparfait, du futur.

Avec le verbe ÊTRE : des formes du présent, de l'imparfait, du futur.

CONDUIRE (pr.)
CONDUIRE (imp.)
DEVOIR (pr.)
DEVOIR (fut.)
DORMIR (pr.)
DORMIR (fut.)
ÉCRIRE (pr.)
LIRE (imp.)
PARTIR (pr.)
PÉRIR (pr.)
RIRE (pr.)
SERVIR (pr.)
SORTIR (pr.)
SUIVRE (pr.)
TACHER (pr.)
TRAVESTIR (fut.)
TRIER (imp.)
VIVRE (imp.)
VIVRE (fut.)

VERBES IRRÉGULIERS ET MÉLANGE DE VERBES

Pour chaque verbe, trouve une conjugaison à la personne et au temps qui conviennent et place-la dans la grille.

FAIRE

PRENDRE

- APPRÉCIER (fut.)
- AVOIR (imp.)
- BLANCHIR (fut.)
- COMPRENDRE (imp.)
- ÉCRIRE (pr.)
- ENFONCER (fut.)
- ENVAHIR (imp.)
- ÊTRE (fut.)
- EXERCER (imp.)
- FAIRE (fut.)
- INONDER (pr.)
- LIER (pr.)
- MUER (fut.)
- PENSER (pr.)
- PEINDRE (fut.)
- PRENDRE (fut.)
- PROFANER (imp.)
- RIRE (pr.)
- SCIER (imp.)
- TEINDRE (imp.)
- UNIR (imp.)

Pour chaque verbe, trouve une conjugaison à la personne et au temps qui conviennent et place-la dans la grille.

POUVOIR

COURIR

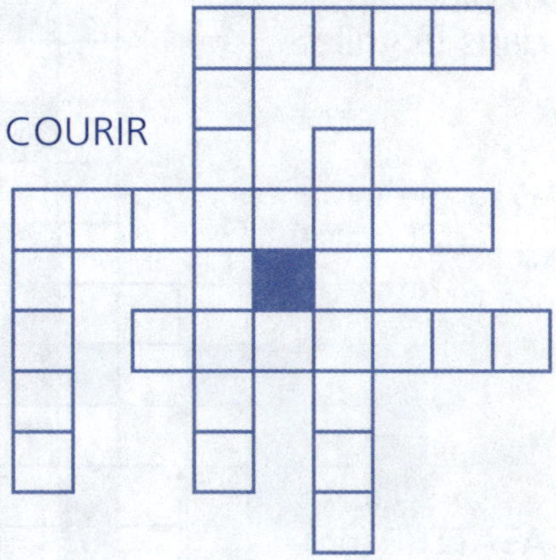

ACCOURIR (pr.)
ARRÊTER (fut.)
ARRONDIR (pr.)
CONTRARIER (imp.)
CONVOYER (pr.)
DÉDIER (imp.)
DÉMÉNAGER (imp.)
DÉTEINDRE (imp.)
DEVOIR (pr.)
ENCOURAGER (imp.)
ÊTRE (pr.)
GÊNER (imp.)
INTERDIRE (fut.)
NOUER (pr.)
PAYER (pr.)
PENDRE (pr.)
POUVOIR (pr.)
PRENDRE (pr.)
PUER (pr.)
RUER (pr.)
SENTIR (pr.)
TERNIR (pr.)
VOIR (pr.)

TOUS VERBES

Pour chaque verbe, trouve une conjugaison à la personne qui convient et place-la dans la grille.

*Très difficile !!!
... pour les amateurs de marathon !*

ABATTRE (pr.)
ANIMER (imp.)
AVOIR (pr.)
AVOIR (pr.)
AVOIR (fut.)
CESSER (pr.)
CORRIGER (imp.)
DORMIR (pr.)
ÉTERNUER (fut.)
ÊTRE (pr.)
ÊTRE (imp.)
FEINDRE (imp.)
FIGER (imp.)
FRIRE (pr.)
GUEULETONNER (fut.)
INSTITUER (pr.)
LAMINER (fut.)
LIER (imp.)
LIRE (pr.)
LUTTER (pr.)
NIER (pr.)
OSER (pr.)
PENDRE (pr.)
RÉAGIR (imp.)
REFAIRE (pr.)
RÉPONDRE(fut.)
RESTREINDRE (pr.)
ROSIR (pr.)
SACRIFIER (imp.)
STATUER (imp.)
TAIRE (se) (imp.)
TÉLÉVISER (pr.)
TIRER (fut.)
TOURNOYER (fut.)
TRACER (pr.)
TRESSER (pr.)
TUER (fut.)
VOIR (pr.)

VERBES IRRÉGULIERS

Pour chaque verbe, trouve une conjugaison à la personne qui convient et place-la dans la grille.

ATTENTION !

Ne mets pas deux fois la même forme dans une grille. Plusieurs solutions sont possibles pour chaque grille.

ALLER

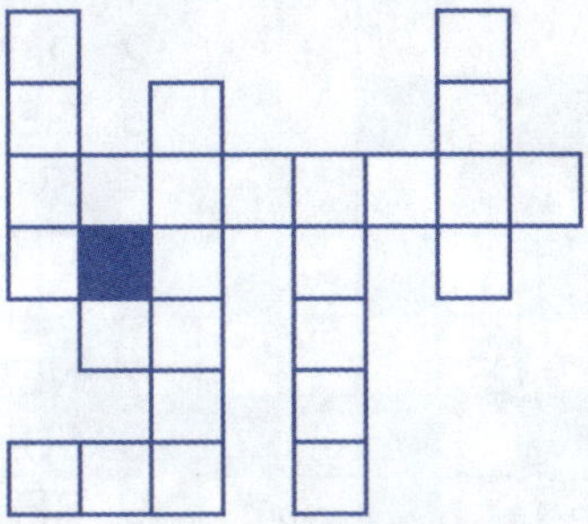

VOIR

SAVOIR

JETER

BOIRE

MÉLANGE DE VERBES ET DE TEMPS

Le principe est le même qu'aux pages précédentes, mais l'indication du temps (pr., imp., fut.) ne figure pas. L'exercice est donc bien plus difficile, puisque tu peux choisir, pour chaque verbe, entre 15 écritures en moyenne !

1. USER
2. DEMANDER
3. GEINDRE
4. RIRE
5. CHARGER
6. SAVOIR
7. NETTOYER
8. SUER
9. RÉDIGER
10. ÊTRE
11. RANGER
12. DÉDIER
13. SAVOIR
14. JOUER
15. PARTIR

De la haute voltige !

1. PEINDRE
2. TRADUIRE
3. RIRE
4. PRIER
5. BALAYER
6. CUIRE
7. NOUER
8. SENTIR
9. DISPARAÎTRE
10. INTERDIRE
11. TRAHIR
12. AVOIR
13. FAIRE

MÉLANGE DE PRÉSENT ET D'IMPARFAIT

Pour chaque verbe, trouve une conjugaison à la personne et au temps qui conviennent et place-la dans la grille.

1. POURSUIVRE
2. ÉLIRE
3. OBÉIR
4. GAGER
5. METTRE
6. OBLIGER
7. FAIRE
8. ÉTEINDRE
9. TONDRE
10. ALLER
11. PLONGER
12. USER
13. EXIGER
14. AVOIR
15. MUER
16. ÊTRE
17. ORNER
18. SORTIR
19. NOYER
20. RÉPONDRE
21. DIRE

1. MANGER
2. JOUER
3. AVOIR
4. FEINDRE
5. UNIR
6. ENVOYER (pr.)
7. PASSER
8. SUER
9. DÉFENDRE
10. ÉPIER
11. AVOUER
12. ÊTRE
13. GEINDRE
14. VENDRE
15. SOURIRE
16. ENVOYER (imp.)
17. TUER
18. ALLER
19. VENIR

MÉLANGE DE PRÉSENT ET DE FUTUR

Pour chaque verbe, trouve une conjugaison à la personne et au temps qui conviennent et place-la dans la grille.

1. NETTOYER
2. ÉTEINDRE
3. GARDER
4. LIRE
5. JUGER
6. RUER
7. ALLER (pr.)
8. LOUER
9. DÉSIRER
10. SUSPENDRE
11. ENGAGER
12. TEINDRE
13. SOUDER
14. VENDRE
15. ÉTONNER
16. VOIR
17. ALLER (fut.)

1. DÉFENDRE
2. OBÉIR
3. TROUER
4. PRENDRE
5. STOPPER
6. RESTITUER
7. ÉLIRE
8. ATTENDRE
9. POUVOIR
10. RONGER
11. TENIR
12. PEINDRE
13. DORER
14. TUER
15. FONDRE
16. PLIER
17. DESTINER
18. SALIR
19. AVOIR

MÉLANGE D'IMPARFAIT ET DE FUTUR

Pour chaque verbe, trouve une conjugaison à la personne et au temps qui conviennent et place-la dans la grille.

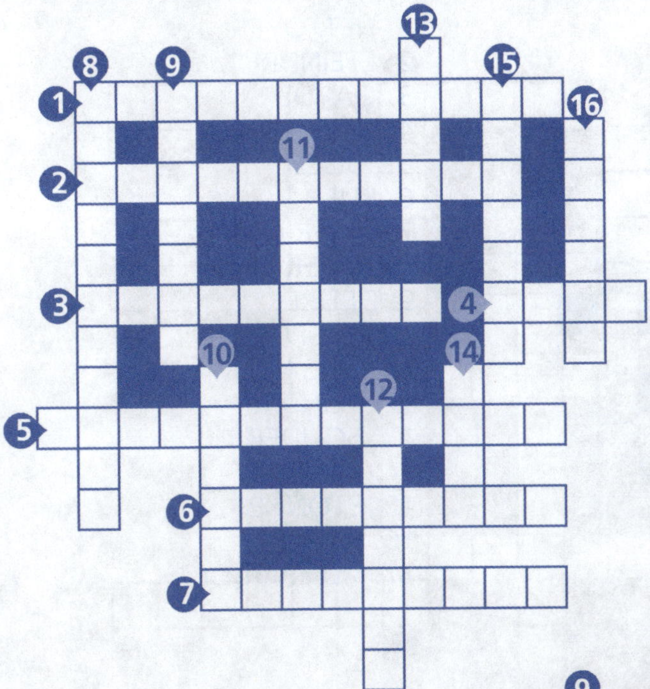

1. REPEINDRE
2. VOYAGER
3. ENNUYER
4. AVOIR
5. REMPLIR
6. ÉTEINDRE
7. ATTEINDRE
8. RAVAGER
9. PAYER
10. PLIER
11. ÉCRIRE
12. ARGUER
13. LIER
14. FAIRE
15. NOTER
16. VENDRE

1. FAIRE
2. ALLER
3. OUBLIER
4. GUIDER
5. VOTER
6. INCARNER
7. AVOIR
8. ÊTRE
9. FOUETTER
10. RAMER
11. SCIER
12. NIER
13. ÉPONGER
14. TÂTER
15. FIER (se)

GRILLES INVENTÉES PAR DES ENFANTS

Pour chaque verbe, trouve une conjugaison à la personne et au temps qui conviennent et place-la dans la grille.

1. EMPOISONNER (fut.)
2. MONTER (pr.)
3. PERDRE (imp.)
4. ÉPELER (pr.)
5. SCIER (fut.)
6. PRENDRE (fut.)
7. AIMER (fut.)
8. CALMER (fut.)
9. ÉTALER (pr.)
10. TROUSSER (pr.)
11. TRANSPORTER (fut.)
12. EMPRISONNER (imp.)
13. PONDRE (imp.)
14. ORNER (fut.)
15. TROMPER (imp.)
16. NOTER (pr.)
17. REMBOURSER (imp.)
18. SUSPENDRE (imp.)
19. TRIER (fut.)
20. MARIER (fut.)
21. TIRER (pr.)
22. ÊTRE (pr.)

Pour chaque verbe, trouve une conjugaison à la personne qui convient et place-la dans la grille.

1. FRANCHIR (imp.)
2. RUSER (fut.)
3. SENTIR (fut.)
4. MARIER (fut.)
5. INSPIRER (fut.)
6. SUCER (fut.)
7. NOURRIR (imp.)
8. RECOMMANDER (fut.)
9. TRIER (imp.)
10. SUER (pr.)
11. CONSTRUIRE (fut.)
12. PEINDRE (imp.)
13. AFFRONTER (fut.)
14. RECONSTITUER (fut.)
15. TRIER (fut.)

Pas aussi facile que ça en a l'air !

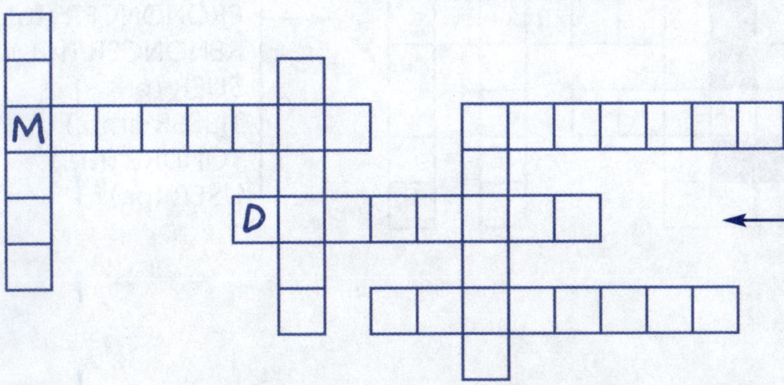

AIMER (fut.)
CALER (pr.)
DÉPENSER (pr.)
MARIER (fut.)
PONDRE (fut.)
RICANER (pr.)
RUSER (pr.)

GRILLES INVENTÉES PAR DES ENFANTS

Pour chaque verbe, trouve une conjugaison à la personne qui convient et place-la dans la grille.

ÊTRE (fut.)
GAZOUILLER (pr.)
NIER (fut.)
NOUER (pr.)
ÔTER (pr.)
QUITTER (fut.)
TACHER (pr.)
TÊTER (pr.)
TRICHER (imp.)
TUER (fut.)

AFFRONTER (fut.)
CHERCHER (fut.)
DONNER (pr.)
ÉCRIRE (fut.)
EFFECTUER (imp.)
ÉNONCER (pr.)
ENTENDRE (fut.)
PRONONCER (fut.)
RENONCER (fut.)
SUER (pr.)
TISSER (imp.)
TONDRE (fut.)
USER (pr.)

Pour chaque verbe, trouve une conjugaison à la personne et au temps qui conviennent et place-la dans la grille.

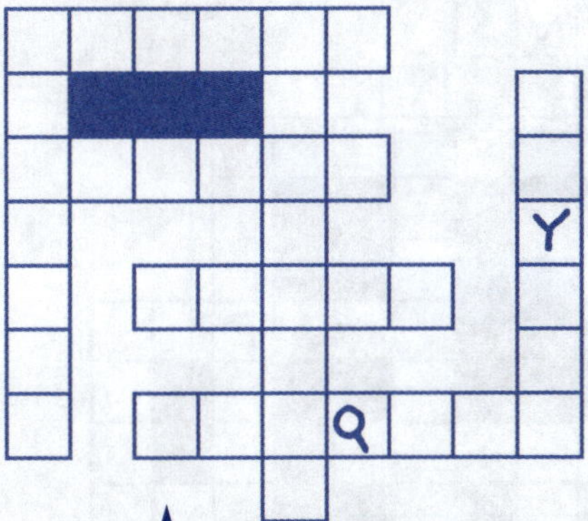

au présent
ENNUYER
MANGER
MANQUER
MONTER
NAGER
PAYER
TRIER

à l'imparfait
AIMER
ÉCOUTER
ENTRER
MANGER
MARIER
RENDRE
TONDRE
TRICHER
TRIER

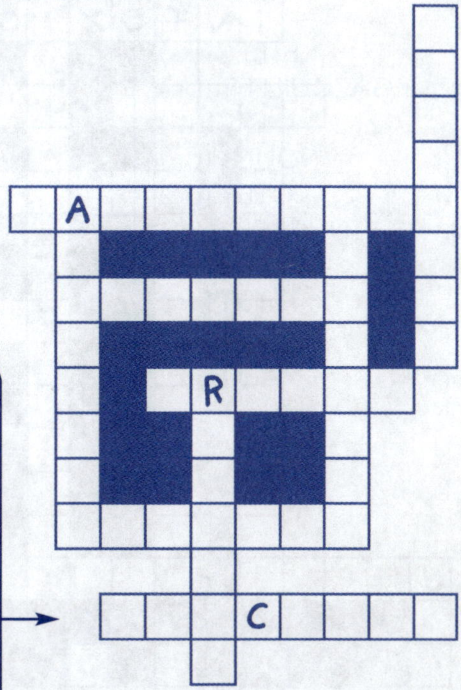

au futur
AIMER
COMMANDER
FÊTER
FOUILLER
FRANCHIR
GARDER
MENTIR
SONNER
TRAÎNER

GRILLES INVENTÉES PAR DES ENFANTS

Pour chaque verbe, trouve une conjugaison à la personne qui convient et place-la dans la grille.

AIMER (pr.)
ASSURER (fut.)
BATTRE (pr.)
COUPER (pr.)
CRIER (imp.)
CROIRE (imp.)
DIRE (pr.)
ÉCLABOUSSER (imp.)
ÉCRIRE (pr.)
ÉTRANGLER (fut.)
ÊTRE (pr.)
ÊTRE (fut.)
FROTTER (imp.)
HUER (fut.)
INTENSIFIER (fut.)
INTERDIRE (pr.)
INTOXIQUER (fut.)
JUGER (pr.)
JURER (fut.)
LIER (pr.)
LIRE (pr.)
MENER (pr.)
NIER (pr.)
ÔTER (pr.)
REMONTER (imp.)
RUSER (pr.)
SENTIR (pr.)
SONNER (fut.)
TENTER (pr.)
TORPILLER (imp.)
TORTILLER (fut.)
TRACER (pr.)
TRANSMETTRE (imp.)
TRANSPORTER (fut.)
USER (pr.)

Pour chaque verbe, trouve une conjugaison à la personne qui convient et place-la dans la grille.

AIDER (pr.)
CACHER (imp.)
CRACHER (fut.)
FRANCHIR (fut.)
NICHER (fut.)
NOURRIR (pr.)
RIRE (fut.)
SITUER (pr.)
TOMBER (fut.)
TRIER (fut.)
USER (fut.)

Présent, imparfait ou futur
AIMER
FANER
GRANDIR
PARTIR
PATINER
RATER
SENTIR
TOURNER
TRAÎNER
TRIER
TRIER
TUER

GRILLES INVENTÉES PAR DES ENFANTS

Pour chaque verbe, trouve une conjugaison à la personne qui convient et place-la dans la grille.

(au futur)

AGRANDIR
AIMER
ÊTRE
MARIER
MONTRER
NETTOYER
PLANTER
PLONGER
SAISIR
SORTIR
TENDRE
TERRASSER

AIMER (imp.)
MANGER (imp.)
MANQUER (imp.)
MARQUER (pr.)
QUITTER (imp.)
RIRE (pr.)
TIRER (pr.)

Pour chaque verbe, trouve une conjugaison à la personne qui convient et place-la dans la grille.

CONJUGUER (fut.)
ÊTRE (fut.)
GAGER (fut.)
GOMMER (pr.)
NOMMER (fut.)
RALENTIR (pr.)
RAMPER (imp.)
RASER (imp.)
SONDER (fut.)
SONNER (fut.)
SORTIR (pr.)
TENIR (pr.)

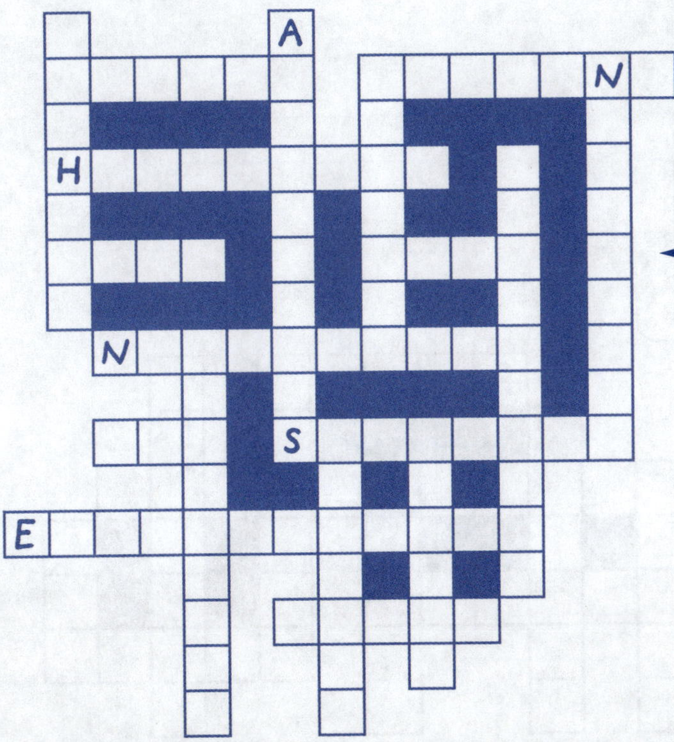

Présent, imparfait ou futur

AIMER	NOURRIR
ALLER	OPÉRER
ATTRIBUER	PONDRE
EFFECTUER	RIRE
GRONDER	SONGER
HISSER	TONDRE
LÂCHER	TRANCHER
NAGER	TRANSPORTER
NETTOYER	TUER

GRILLES INVENTÉES PAR DES ENFANTS

Pour chaque verbe, trouve une conjugaison à la personne qui convient et place-la dans la grille.

- CRIER (imp.)
- CRIER (fut.)
- ÉTALER (imp.)
- GAGER (imp.)
- GRATTER (imp.)
- IMPORTER (fut.)
- MANGER (fut.)
- MÉNAGER (imp.)

Présent, imparfait ou futur

ALLER	NOTER
EMPRISONNER	RATER
ENNUYER	SAISIR
FONDRE	TUER
PORTER	USER

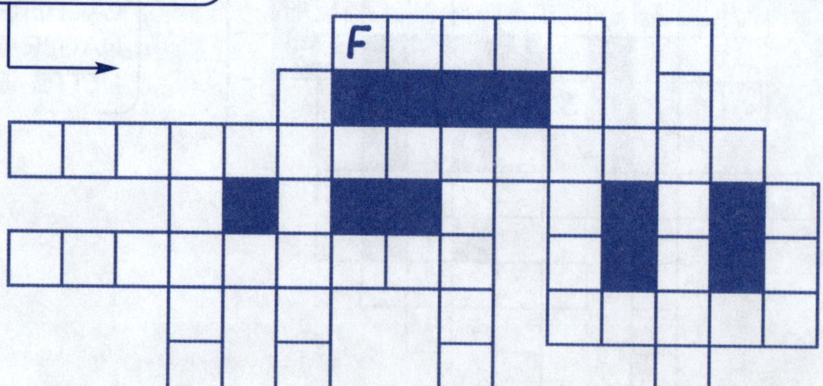

LES AUTRES MODES

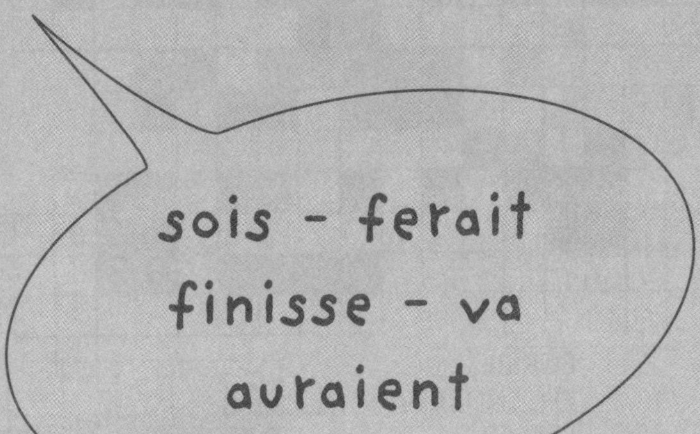

TOUS VERBES

L'impératif s'adresse à :
– toi (exemple : ***prends, écoute, sors***…) ;
– nous (exemple : ***prenons, écoutons, sortons***…) ;
– vous (exemple : ***prenez, écoutez, sortez***…).
L'écriture de l'impératif est très simple et ne pose aucun problème pour la grande majorité des verbes. On écrit comme s'il s'agissait du présent de l'indicatif avec je, nous, vous : ***mange, tais-toi, attends, arrêtez***, etc.

Pour chaque verbe, trouve une conjugaison à la personne qui convient et place-la dans la grille.

BOIRE
CÉDER
COUDRE
COUPER
CRÉER
DÉMOLIR
DÉSISTER (se)
DIRE
DIRIGER
ÉCOUTER
ÉCRIRE
ENTENDRE
ÉPELER
ESSAYER
ÉTEINDRE
FIER (se)
LIRE
LOUER
MORDRE
NIER
OBÉIR
OPÉRER
OUBLIER
PARTIR
PEINDRE
PERDRE
PÉTRIR
RABOTER
RÉFLÉCHIR
RÉGALER
RIRE
SONGER
TOUSSER
TRIER
VEILLER
VISER
VOLER

Pour chaque verbe, trouve une conjugaison à la personne qui convient et place-la dans la grille.

ARRÊTER
AVOIR
AVOUER
CHERCHER
CLOUER
CRIER
CROIRE
DISPOSER
ÉCRIRE
ÉTEINDRE

ÊTRE
FIER (se)
INDIQUER
JOUER
LAISSER
MISER
NOUER
NOYER
OSER
PÉNALISER

PLAINDRE
PLIER
PRIER
REPASSER
RÉPÉTER
RÉSISTER
RETENIR
RIRE
SCIER
SECOUER

SERVIR
SORTIR
SUCER
TEINDRE
TENDRE
TRADUIRE
TRAVERSER
VENDRE
VENIR

VERBES EN ...*ER*

(...*GER*, ...*UER*, ...*IER*, ...*OUER*, ... *YER*)

Pour chaque verbe, trouve une conjugaison à la personne qui convient et place-la dans la grille.

je ...*erais*	nous ...*erions*
tu ...*erais*	vous ...*eriez*
il, elle ...*erait*	ils, elles ...*eraient*

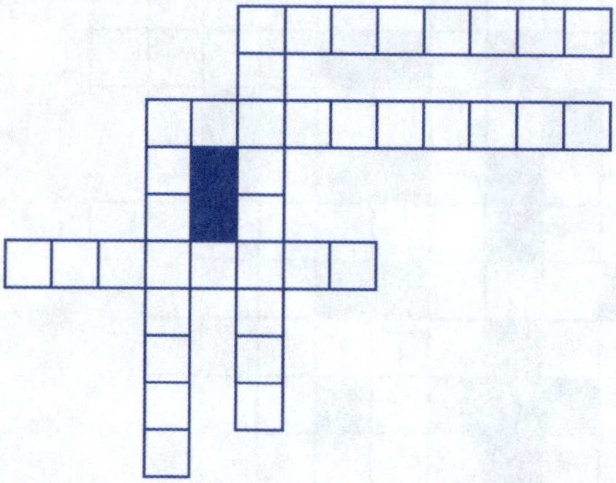

JOUER
(je, il, nous, vous, elles)

Révise...

ACHALANDER
AGENCER
DÉSIRER
DÉVIER
ÉCRIER (s')
FANER
FIER (se)
INDEMNISER
INITIER
INVENTORIER
LIER
MÉNAGER
NETTOYER
NIER
PIÉTINER
REMANIER
TÉTER
TRIER

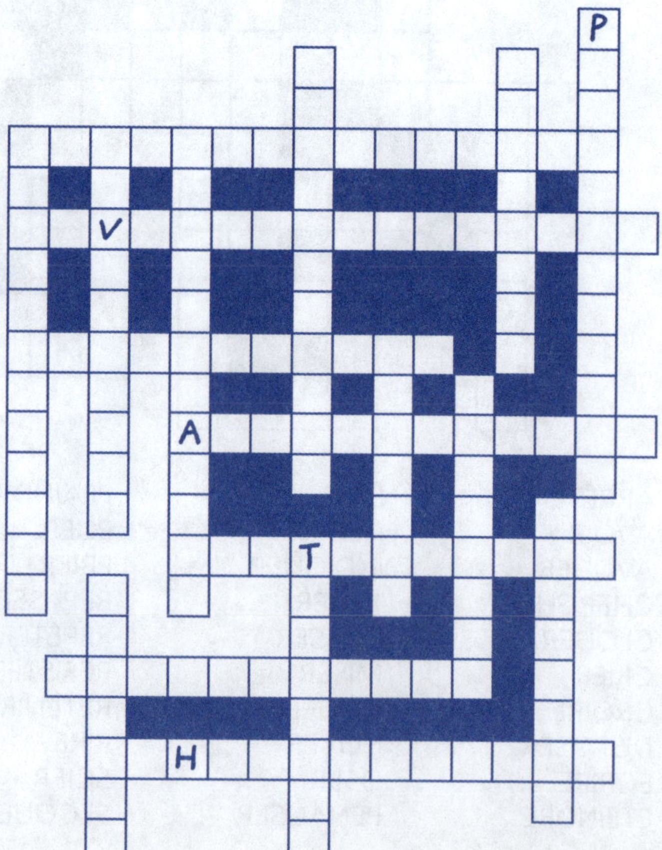

EN ...*DRE*

Pour chaque verbe, trouve une conjugaison à la personne qui convient et place-la dans la grille.

je ...*drais*	nous ...*drions*
tu ...*drais*	vous ...*driez*
il, elle ...*drait*	ils, elles ...*draient*

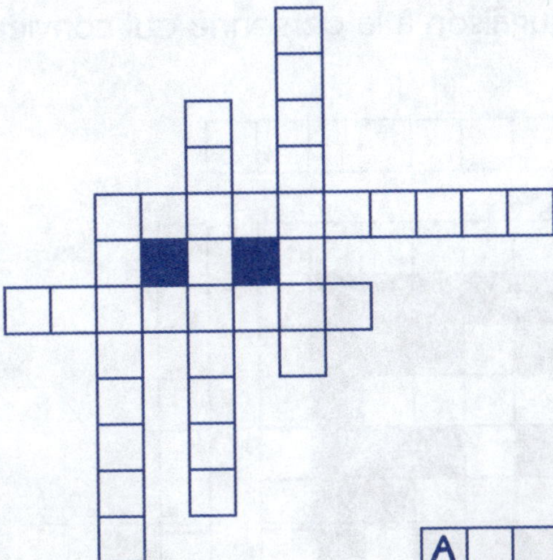

TORDRE
(je, elle, nous, vous, ils)

APPRENDRE
ATTEINDRE
BROYER
DOUTER
ENCLOUER
ÉTENDRE
ÉTRENNER
HÉSITER
OUBLIER
PLAGIER
PLAINDRE
PONDRE
RÉPANDRE
TOURNOYER
TRANCHER

AUTRES VERBES

Pour tous les autres verbes (irréguliers ou non), on forme le conditionnel présent sur le modèle du futur de l'indicatif, en respectant les terminaisons : je : ...***rais***, tu : ...***rais***, il : ...***rait***, nous : ...***rions***, vous : ...***riez***, ils : ...***raient***
Exemple : ***j'aurais, je serais, je verrais, je saurais, j'obéirais, etc.***

Pour chaque verbe, trouve une conjugaison à la personne qui convient et place-la dans la grille.

ALLER
CONNAÎTRE
DEVOIR
DONNER
ENTRAIDER
EXPIER
FESTOYER
FINIR
PARAÎTRE
RÉUSSIR
RIDER
RUINER
SAVOIR
SOUFFRIR
SURVENIR
TÉMOIGNER

VERBES EN ...*ER*

L'orthographe du présent du subjonctif ne pose pas de problème si on a en tête les terminaisons du présent de l'indicatif pour je, tu, il, ils et celles de l'imparfait de l'indicatif pour nous et vous.

Pour chaque verbe, trouve une conjugaison à la personne qui convient et place-la dans la grille.

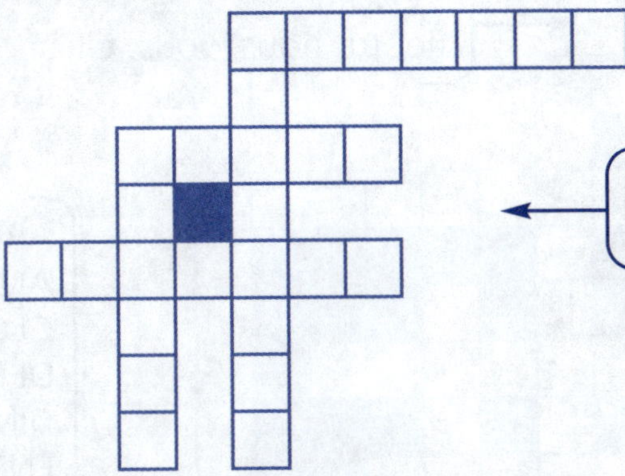

ENTRER
(je, tu, nous, vous, ils)

ABOYER
ARRÊTER
BOTTER
CASSER
CRIER
DEMANDER
DÉPANNER
EMPLOYER
INTENSIFIER
LAISSER
MITRAILLER
NETTOYER
NEUTRALISER
NIER
OUBLIER
PATAUGER
RENTRER
RÉSIDER

VERBES EN ...*DRE*

je ...*de*	nous ...*dions*
tu ...*des*	vous ...*diez*
il, elle ...*de*	ils, elles ...*dent*

Pour chaque verbe, trouve une conjugaison à la personne qui convient et place-la dans la grille.

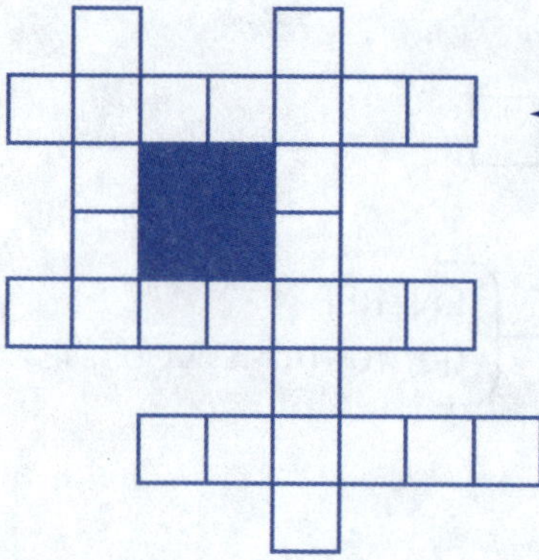

VENDRE
(je, tu, nous, vous, elles)

Révise...

ABUTER
AMUSER
CLOUER
DÉPENDRE
DIMINUER
ÉNERVER
ENTENDRE
FENDRE
FUSER
MORDRE
OPÉRER
PENSER
PESER
PLIER
RÉPANDRE
RESTER
RUSER
SERRER
SIROTER
SUER
SUPPLIER
TENDRE
USER
VENDRE

EN ...*IR* (...*ISSONS*)

Pour chaque verbe, trouve une conjugaison à la personne qui convient et place-la dans la grille.

je ...*isse*	nous ...*issions*
tu ...*isses*	vous ...*issiez*
il, elle ...*isse*	ils, elles ...*issent*

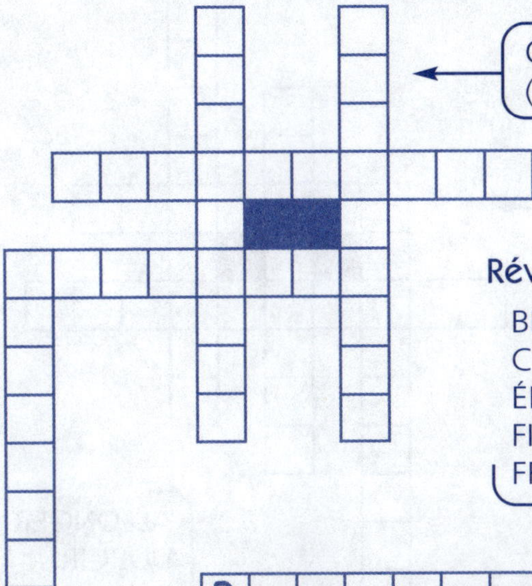

OBÉIR
(je, tu, nous, vous, ils)

Révise...

BÉNIR
CHASSER
ÉBLOUIR
FINIR
FRANCHIR
GARNIR
HISSER
LONGER
LIER
MODIFIER
OBÉIR
OSER
ÔTER
RAFRAÎCHIR
RÉFLÉCHIR
SAISIR
SALIR
SOUDER
SUSPENDRE
TAMISER
TAPER
VENDRE
VIDER

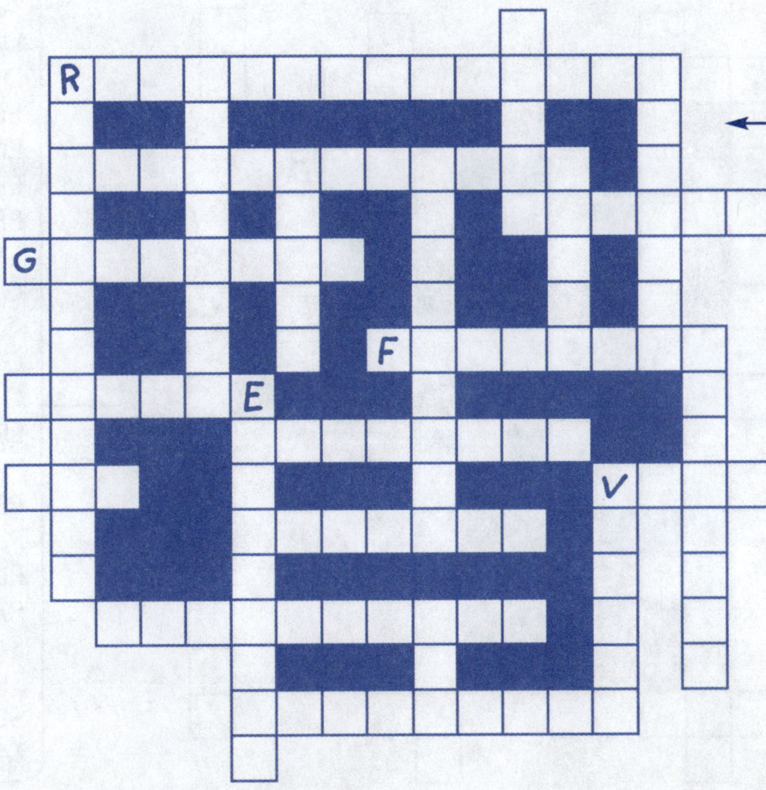

VERBES EN ...*INDRE*

je ...*igne*	nous ...*ignions*
tu ...*ignes*	vous ...*igniez*
il, elle ...*igne*	ils, elles ...*ignent*

Pour chaque verbe, trouve une conjugaison à la personne qui convient et place-la dans la grille.

ÉTEINDRE
(je, elle, nous, vous, ils)

Révise...

ALLONGER
DURCIR
DURER
ÉDIFIER
ENTENDRE
ÉPIER
ÉRIGER
ÉTEINDRE
GAGNER
GARNIR
GEINDRE
GUÉRIR
LÉSINER
PARTAGER
PEINDRE
PENDRE
PLAINDRE
RALENTIR
SALIR
SIGNIFIER
SUER
TANNER

VERBES IRRÉGULIERS COURANTS

Pour chaque verbe, trouve une conjugaison à la personne qui convient et place-la dans la grille.

BOIRE

CROIRE

RIRE

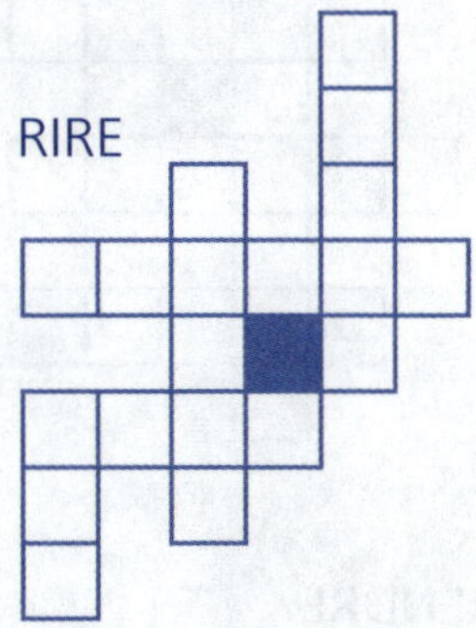

DIRE

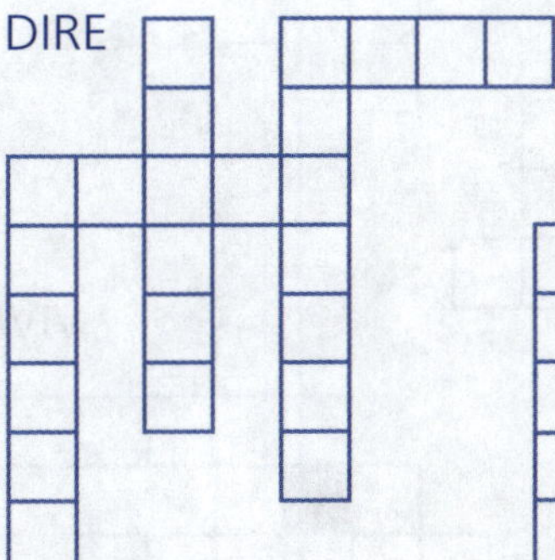

ÉCRIRE

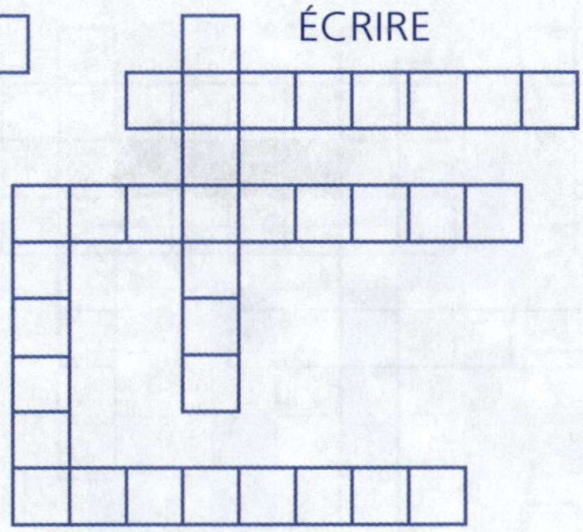

TAIRE

LIRE

FAIRE

VERBES IRRÉGULIERS COURANTS

Cherche leur conjugaison dans ton livre de grammaire.

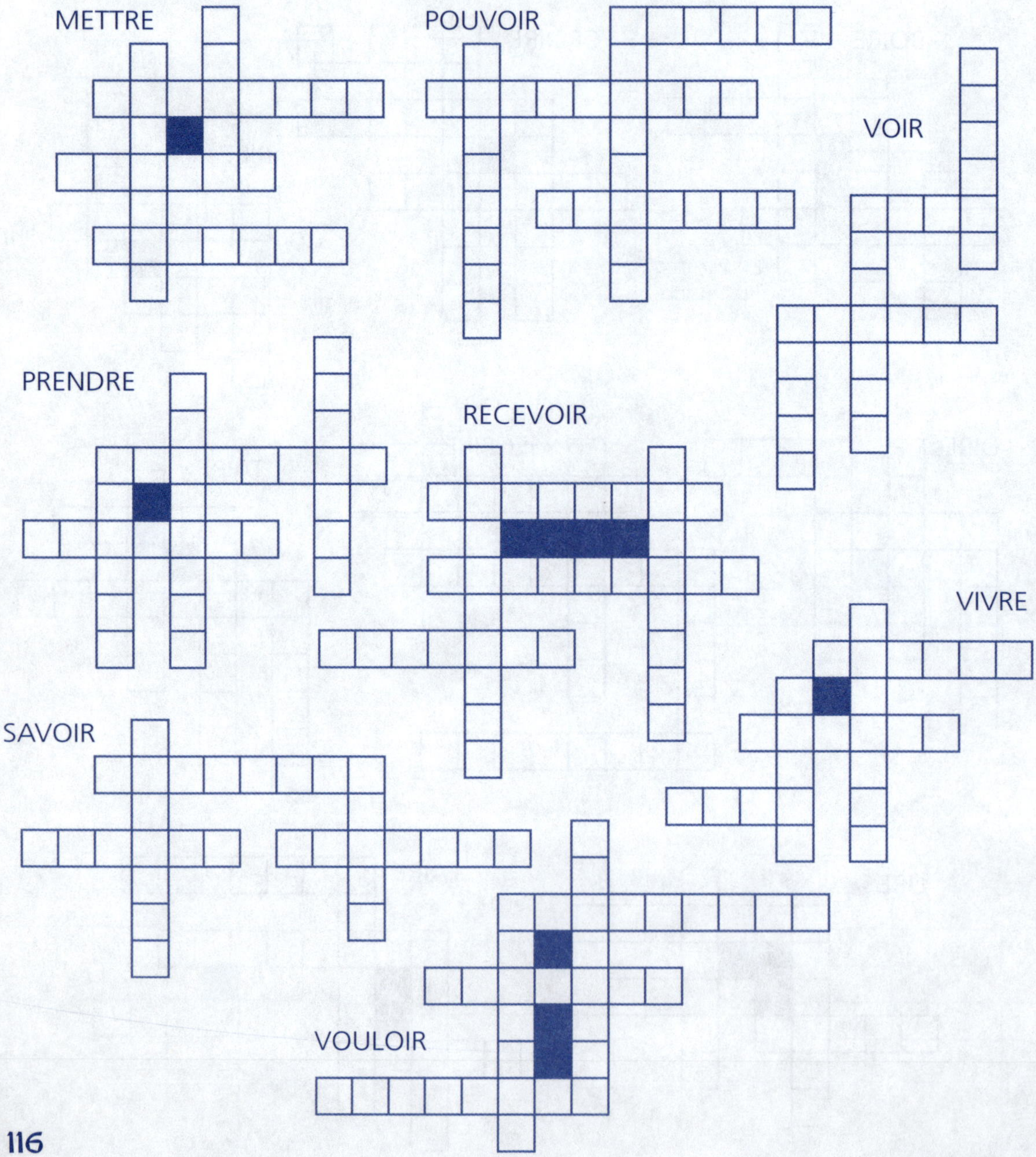

VERBES IRRÉGULIERS COURANTS

Cherche leur conjugaison dans ton livre de grammaire.

ALLER

AVOIR

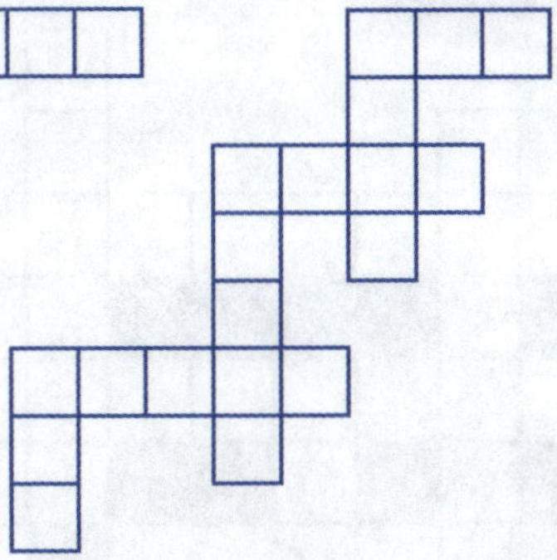

VENIR

COURIR

DEVOIR

ÊTRE

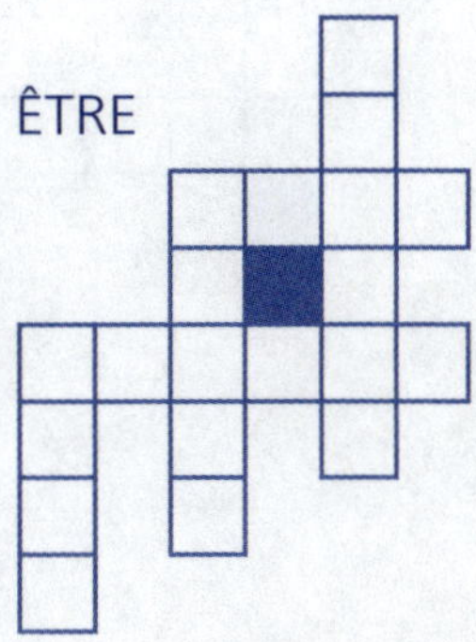

FUIR

MENTIR

PARTIR

TOUS VERBES

SURPRENDRE et APPRENDRE se conjuguent comme PRENDRE ; PRÉVENIR se conjugue comme VENIR.

Pour chaque verbe, trouve une conjugaison à la personne qui convient et place-la dans la grille.

ALLER
APPRENDRE
ASSÉNER
ATTENDRE
ATTERRIR
AVOIR
CHOISIR
DIRE
ÉCRIRE
ÉMOUSSER
ESSAYER
ÉTENDRE
ÊTRE
FAIRE
IMPRIMER
INVITER
LAISSER
METTRE
MORDRE
OSER
ÔTER
PASSER
PRÉVENIR
RÉSIDER
RIRE
SAVOIR
SCIER
SIGNER
SURPRENDRE
VENDRE

VERBES EN ...*ER*

tu ...e
nous ...*ons*
vous ...*ez*

Écris ces phrases à l'impératif et place les verbes dans la grille.

1. (essayer) tes vêtements. ....
2. (terminer) ton travail. ....
3. (cirer) tes chaussures. ....
4. (chercher) notre chemin. ....
5. (fermer) votre porte. ....
6. (nettoyer) ton bureau. ....
7. (manger) ta soupe. ....
8. (ranger) vos affaires. ....

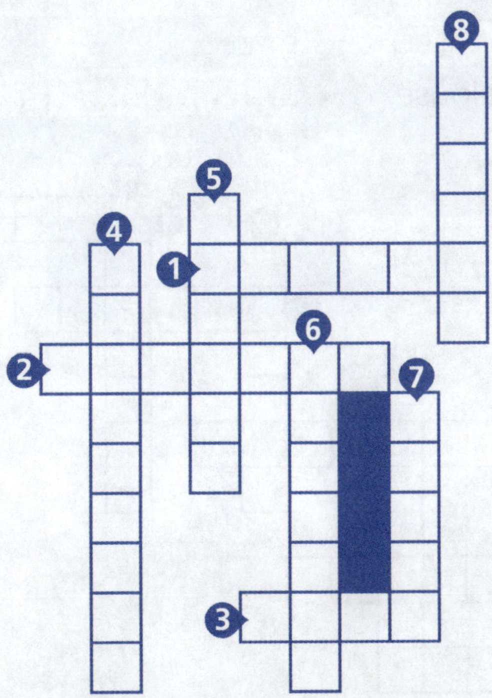

VERBES EN ...*DRE*

tu ...*s*
nous ...*ons*
vous ...*ez*

Écris ces phrases à l'impératif et place les verbes dans la grille.

1. (tendre) ton bras. ....
2. (étendre) ton linge ....
   sur le séchoir. ....
3. (attendre) votre tour. ....
4. (prendre) ton ticket. ....
5. (fendre) ton bois. ....
6. (répondre) à ton voisin. ....
7. (pendre) vos habits ....
   dans l'armoire. ....
8. (tondre) notre pelouse. ....

AUTRES VERBES

Écris ces phrases à l'impératif et place les verbes dans la grille.

1. (être, nous) raisonnables. ....
2. (taire)-toi. ....
3. (écrire) à ton cousin. ....
4. (savoir) que je vous observe. ....
5. (servir) ta voisine. ....
6. (tenir)-toi bien. ....
7. (aller) te coucher. ....
8. (boire) ta soupe. ....
9. (sortir) tes affaires. ....
10. (faire) ton exercice. ....
11. (avoir, vous) du courage ! ....

VERBES EN ...*ER*

je ...*erais*	nous ...*erions*
tu ...*erais*	vous ...*eriez*
il ...*erait*	ils ...*eraient*

Écris ces phrases au présent du conditionnel et place les verbes dans la grille.

1. Nous gardons ta sœur. ....
2. Ils parlent fort. ....
3. Ils cherchent la sortie. ....
4. Tu cires le parquet. ....
5. Je nage longtemps. ....
6. Elle chante juste. ....
7. Vous n'osez pas ? ....

EN ... *YER*

je ...*ierais*	nous ...*ierions*
tu ...*ierais*	vous ...*ieriez*
il ...*ierait*	ils ...*ieraient*

Écris ces phrases au présent du conditionnel et place les verbes dans la grille.

1. Je nettoie le garage. ....
2. Il emploie une vendeuse. ....
3. Nous nous tutoyons. ....
4. Ils se noient. ....
5. Je ne m'ennuie pas. ....
6. Vous appuyez fort. ....
7. Tu me broies la main. ....

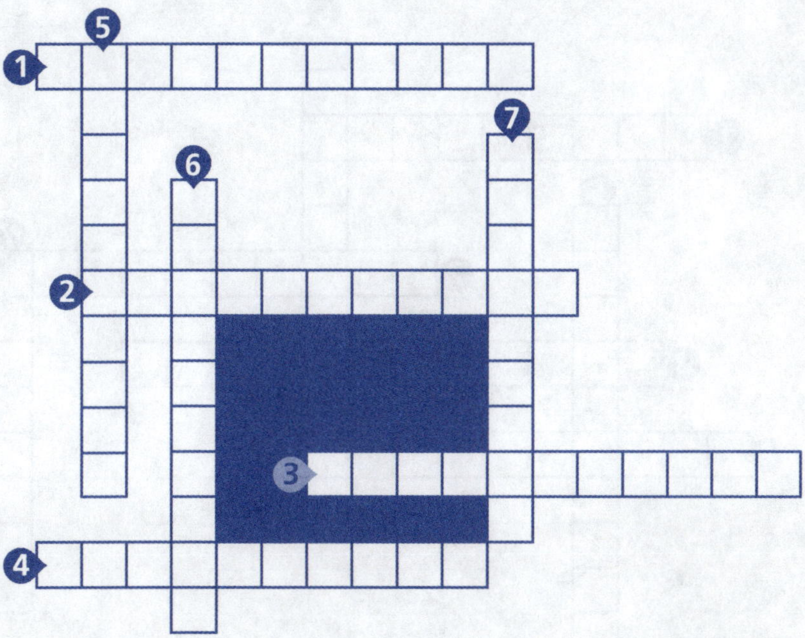

VERBES EN ...*DRE*

je ...*drais*	nous ...*drions*
tu ...*drais*	vous ...*driez*
i, elle ...*drait*	ils, elles ...*draient*

Écris ces phrases au présent du conditionnel et place les verbes dans la grille.

1. Je prends le train. ....
2. Ils tondent la pelouse. ....
3. Nous descendons. ....
4. La poule pond ....
   chaque jour. ....
5. Vous attendez la fin. ....
6. Tu suspends tes habits. ....
7. Je me tords le doigt. ....

AUTRES VERBES

je ...*rais*	nous ...*rions*
tu ...*rais*	vous ...*riez*
il, elle ...*rait*	ils, elles ...*raient*

Écris ces phrases au présent du conditionnel et place les verbes dans la grille.

1. Tu dors profondément. ....
2. Ils se salissent les mains. ....
3. Je pars demain. ....
4. Nous choisissons le dessert. ....
5. Ils pétrissent le pain. ....
6. Vous finissez tard. ....
7. Il sort se promener. ....

TOUS VERBES

je ...*e*	nous ...*ions*
tu ...*es*	vous ...*iez*
il, elle ...*e*	ils, elles ...*ent*

Réécris ces phrases en commençant par « Il faut qu(e) » et place les verbes dans la grille.

1. Je réponds au téléphone. ....
2. Je réfléchis longuement. ....
3. Il voit le professeur demain. ....
4. Je souris poliment. ....
5. Nous partons très tôt. ....
6. Il fuit devant le danger. ....
7. Tu éteins la lumière. ....
8. Vous essayez d'être calmes. ....

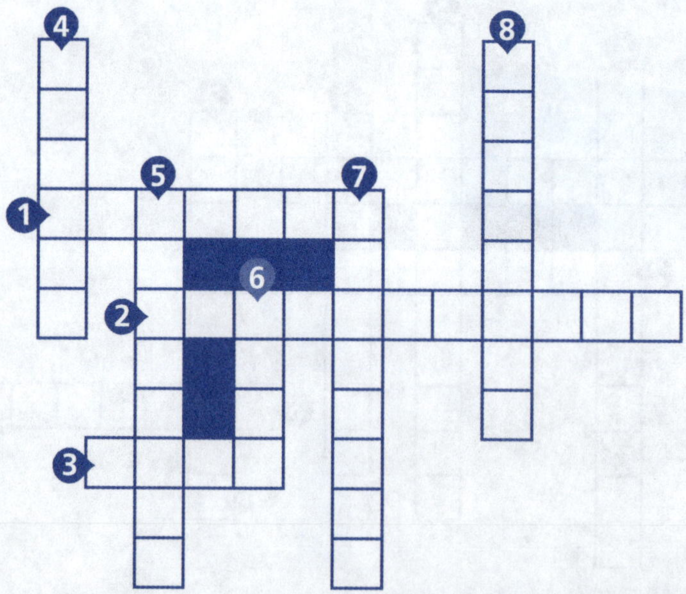

VERBES IRRÉGULIERS

je ...e	nous ...*ions*
tu ...*es*	vous ...*iez*
il, elle ...*e*	ils, elles ...*ent*

Réécris ces phrases en commençant par « Il faut qu(e) » et place les verbes dans la grille.

1. Vous partez après moi. ....
2. Je sors samedi soir. ....
3. Je bois du lait. ....
4. Tu reçois un prix. ....
5. Il lit un livre. ....
6. Tu viens tôt. ....
7. Je dors dans ce lit. ....
8. Nous servons le café. ....
9. Ils tiennent le guidon. ....

ATTENTION !

Pour certains verbes, le radical change avec la personne.

VERBES IRRÉGULIERS

ATTENTION !

Pour certains verbes, le radical change avec la personne.

Réécris ces phrases en commençant par « Il faut qu(e) » et place les verbes dans la grille.

1. Il a son examen. ....
2. Nous résolvons ce problème. ....
3. Je dis bonjour. ....
4. Il me croit sur parole. ....
5. Je peux venir. ....
6. Tu vas au marché. ....
7. Tu veux réussir. ....
8. Ils font leurs devoirs. ....
9. Vous mettez vos écharpes. ....

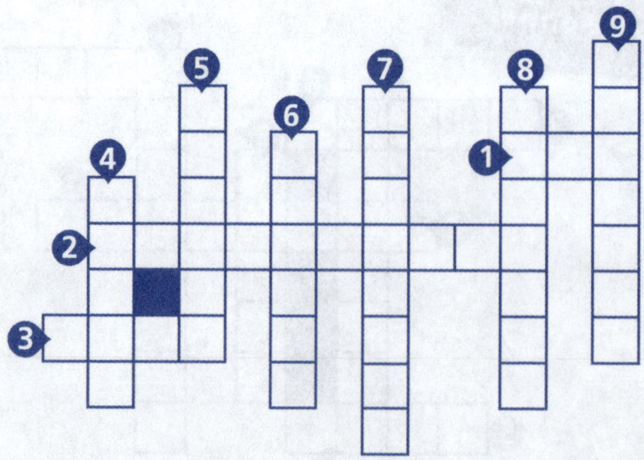

RÉVISION GÉNÉRALE

indicatif,
subjonctif,
conditionnel,
impératif

Pour chaque verbe, trouve une conjugaison à la personne qui convient et place-la dans la grille (imp. = imparfait ; impé. = impératif).

ALERTER (cond.)
ALLER (pr.)
ALLER (fut.)
APPLAUDIR (imp.)
ASPHYXIER (fut.)
AVOIR (pr.)
AVOIR (subj.)
DATER (cond.)
DÉPASSER (pr.)
DESSERVIR (pr.)
ÊTRE (pr.)
ÊTRE (cond.)
INDIQUER (pr.)
INTERDIRE (pr.)
INTERDIRE (cond.)
MANQUER (cond.)
MODERNISER (imp.)
MORDRE (subj.)
ORIENTER (subj.)
OUBLIER (fut.)
PARAÎTRE (cond.)
PERFECTIONNER (pr.)
RÉPARER (imp.)
REVENIR (impé.)
SERVIR (pr.)
SITUER (imp.)
SUER (pr.)
TÂTER (impé.)
TENDRE (subj.)
VOUER (fut.)

Pour chaque verbe, trouve une conjugaison à la personne qui convient et place-la dans la grille (imp. = imparfait ; impé. = impératif).

ARNAQUER (fut.)
ATTAQUER (subj.)
ASSAINIR (imp.)
AVOIR (subj.)
BERCER (cond.)
BOIRE (fut.)

BOIRE (subj.)
DEVOIR (subj.)
DIGÉRER (fut.)
DIRE (impé.)
DIRIGER (imp.)
ERRER (imp.)

ÊTRE (pr.)
ÊTRE (imp.)
ÊTRE (subj.)
ÉTREINDRE (subj.)
INJURIER (fut.)
LAQUER (cond.)

LIRE (subj.)
MANGER (imp.)
NIER (pr.)
NIER (imp.)
OUBLIER (fut.)
PENDRE (pr.)
PRENDRE (subj.)
RÉAGIR (imp.)
REMPLIR (cond.)
REMUER (imp.)
RENTRER (cond.)
RIRE (subj.)
RIRE (impé.)
SAVOIR (subj.)
SIGNER (pr.)
SIGNIFIER (imp.)
TENIR (pr.)
TENIR (subj.)
USER (imp.)
VENIR (pr.)
VENDRE (subj.)
VOIR (subj.)

Pour chaque verbe, trouve une conjugaison à la personne qui convient et place-la dans la grille (imp. = imparfait ; impé. = impératif).

ARGUER (cond.)
AVOIR (fut.)
AVOIR (subj.)
AVOIR (subj.)
CITER (pr.)
CLOUER (pr.)
CONTAGIER (fut.)*
DESCENDRE (subj.)
DIRE (fut.)

DRAGUER (pr.)
ÉBOUER (imp.)*
ÉCARTER (pr.)
ENCEINDRE (imp.)
ENSILER (pr.)*
ENTRETENIR (imp.)
ÉPOUSER (cond.)
ÉTERNUER (fut.)
FATIGUER (imp.)

GRATTER (pr.)
INCITER (fut.)
IRRIGUER (fut.)
METTRE (pr.)
MURER (pr.)
ORNER (cond.)
PARTIR (subj.)
POUVOIR (subj.)
PRIER (pr.)

RIRE (pr.)
RIRE (subj.)
RUER (imp.)
TASSER (pr.)
TESTER (cond.)
TONDRE (subj.)
TRACER (pr.)
TUER (pr.)

* Voir définitions p.8.

Pour chaque verbe, trouve une conjugaison à la personne qui convient et place-la dans la grille (imp. = imparfait ; impé. = impératif).

ALLER (pr.)
ARIMER (imp.)*
ARRANGER (imp.)
ASSEOIR (pr.)
BONIFIER (cond.)
CRÉER (pr.)

CROIRE (subj.)
DÉTRUIRE (pr.)
ERRER (pr.)
ÊTRE (pr.)
ÊTRE (subj.)
ÉTUDIER (fut.)

ÉVACUER (pr.)
FLAMBOYER (fut.)
FOURVOYER (cond.)
IMITER (pr.)
MÉFIER (fut.)
NIER (pr.)

OBÉIR (imp.)
RIRE (subj.)
SUIVRE (cond.)
TERNIR (subj.)
TONDRE (imp.)
TRIER (pr.)
URBANIFIER (fut.)*
VENDRE (subj.)
VÉRIFIER (cond.)
VOIR (subj.)

* Voir définitions p.8.

Pour chaque verbe, trouve une conjugaison à la personne qui convient et place-la dans la grille (imp. = imparfait ; impé. = impératif).

ACIÉRISER (cond.)
BESOGNER (cond.)
DÉSEMBUER (cond.)
ÉCRIER (s') (fut.)
ÉPIER (imp.)
ESSANGER (imp.)*
ÊTRE (pr.)
GÉMIR (fut.)
MENTIR (pr.)
MINIMISER (pr.)
NASALISER (pr.)
NOMMER (imp.)
OMBRER (imp.)
PARTIR (pr.)
PENCHER (pr.)
REBONDIR (imp.)
REDISTRIBUER (cond.)
RÉPONDRE (fut.)
RIDICULISER (pr.)
RIRE (fut.)
RUINER (pr.)
SENTIR (imp.)
SIGNALISER (fut.)
TAIRE (pr.)
TAPISSER (impé.)
TEINDRE (subj.)
TERNIR (imp.)
TRAHIR (impé.)
TROUER (pr.)
VOIR (cond.)

GRILLES CORRIGÉES

Page 13

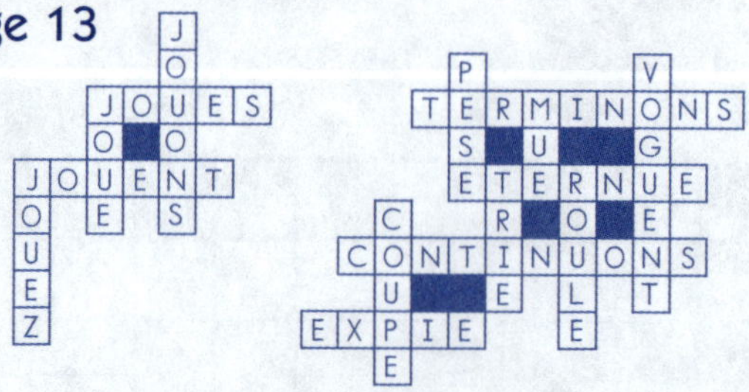

Page 14

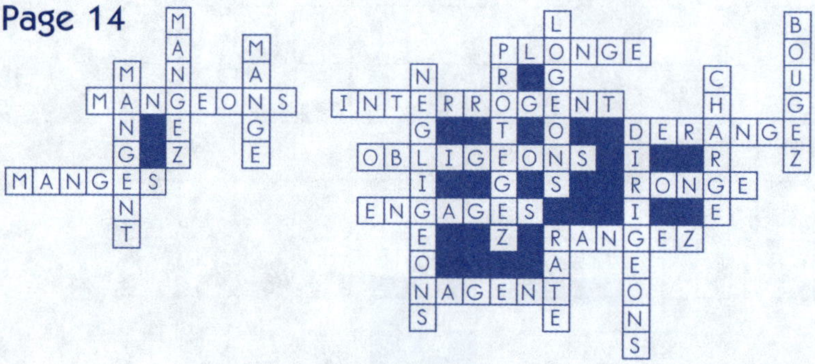

Page 15

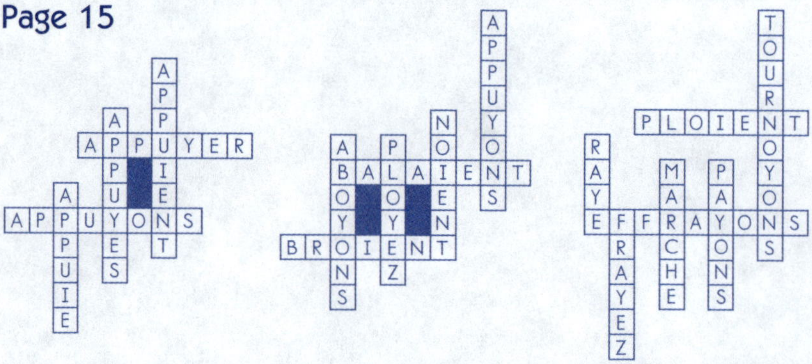

Page 16

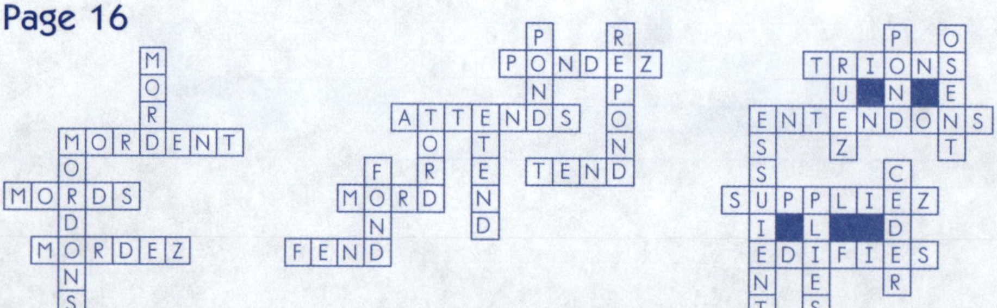

Page 17

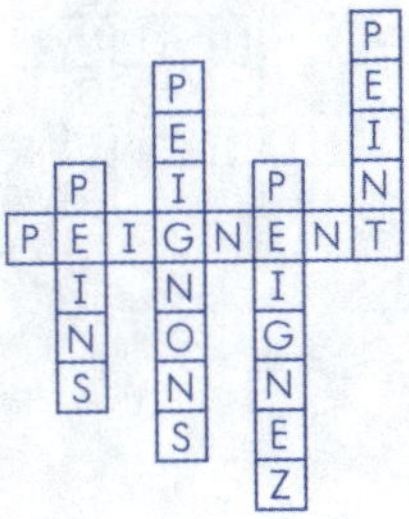

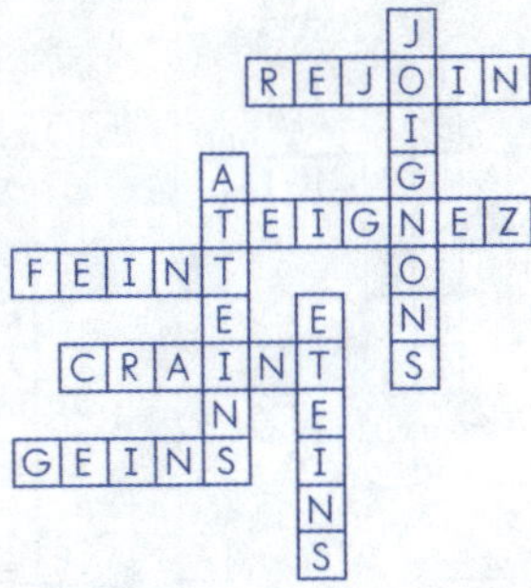

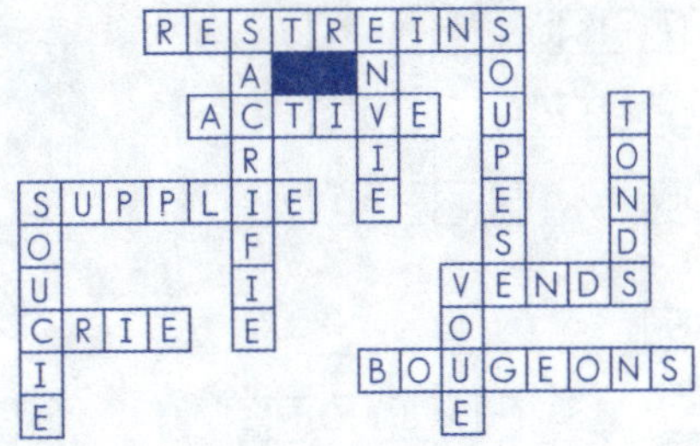

Page 18

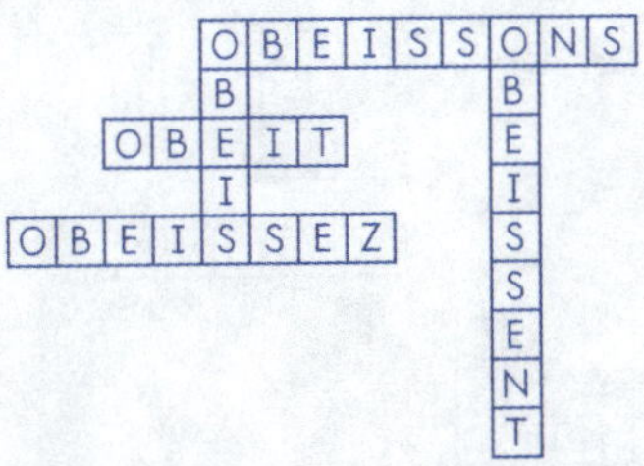

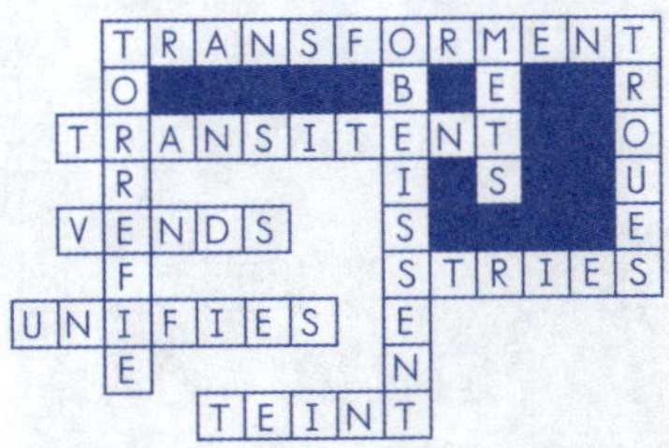

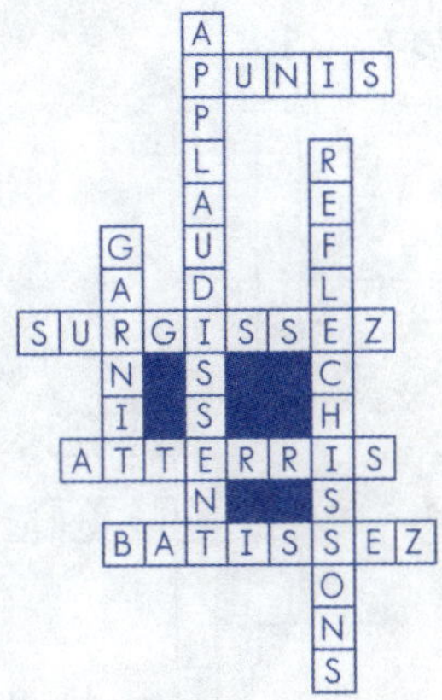

Page 19

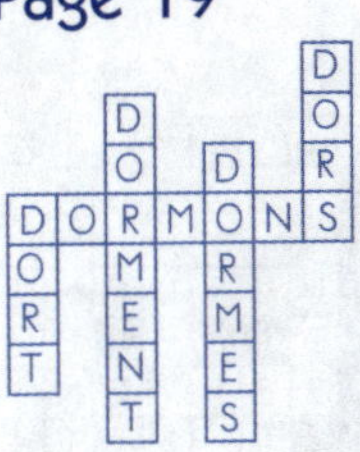

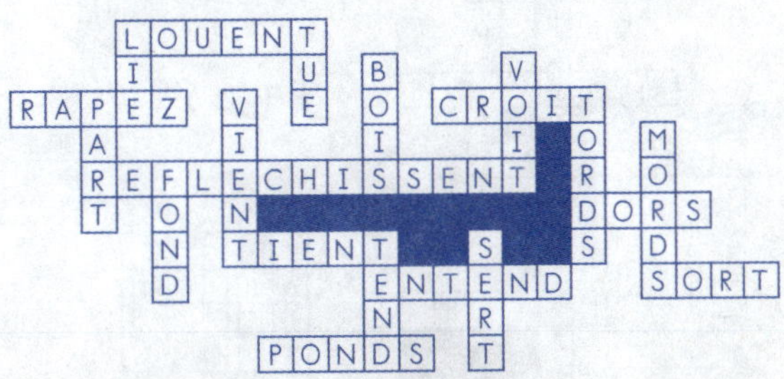

Page 20

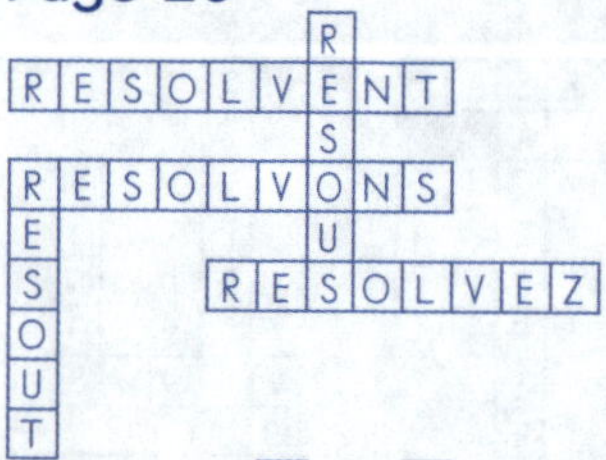

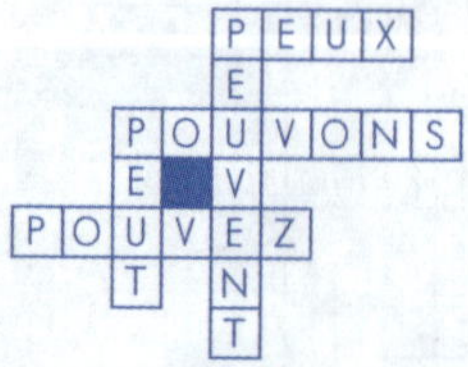

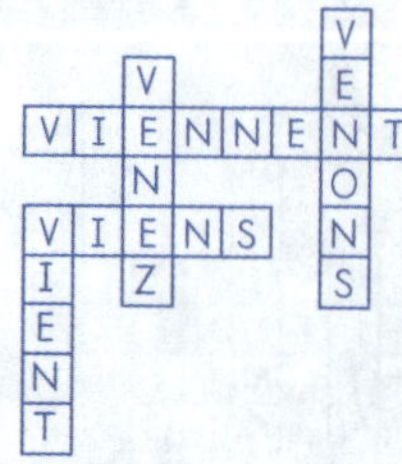

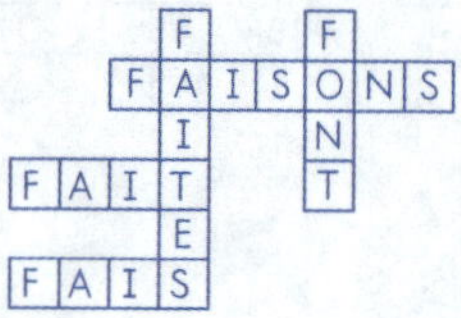

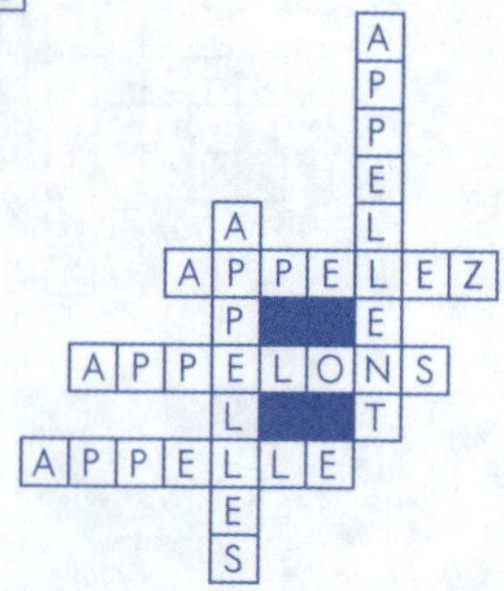

Page 21

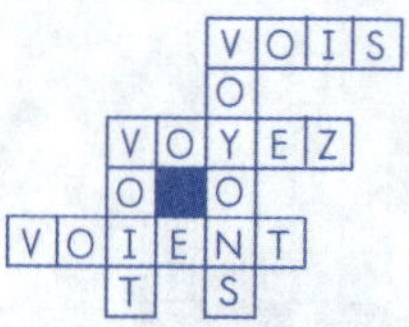

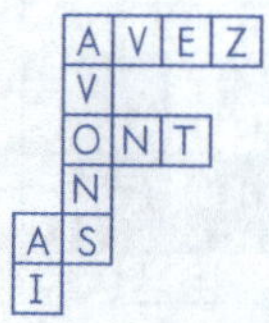

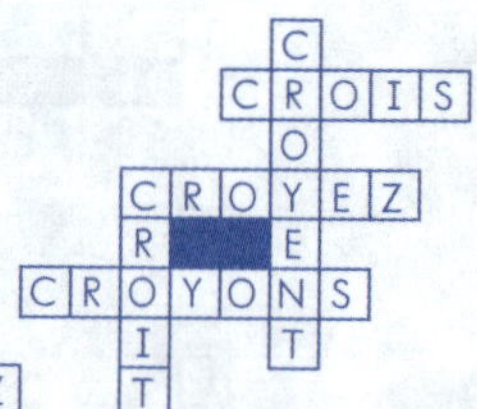

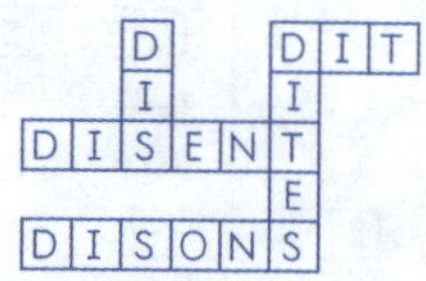

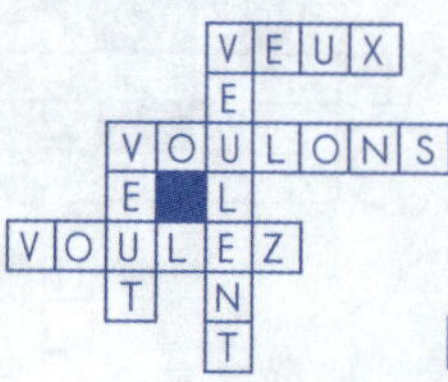

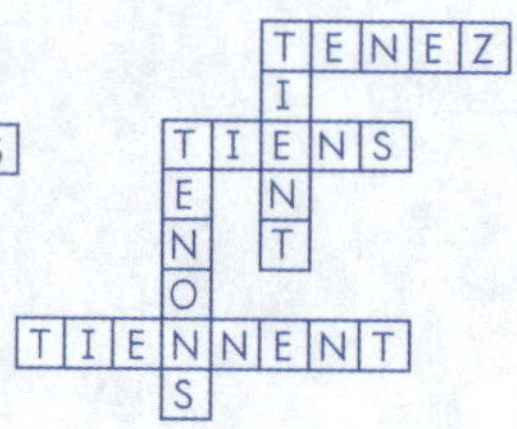

Page 22

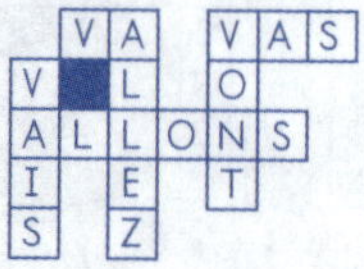

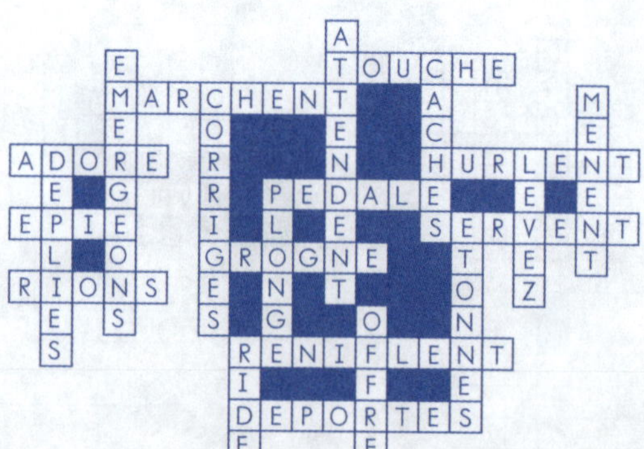

Page 23

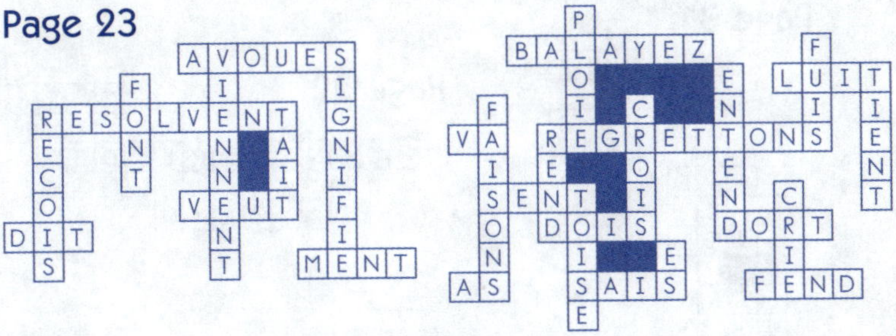

Page 24

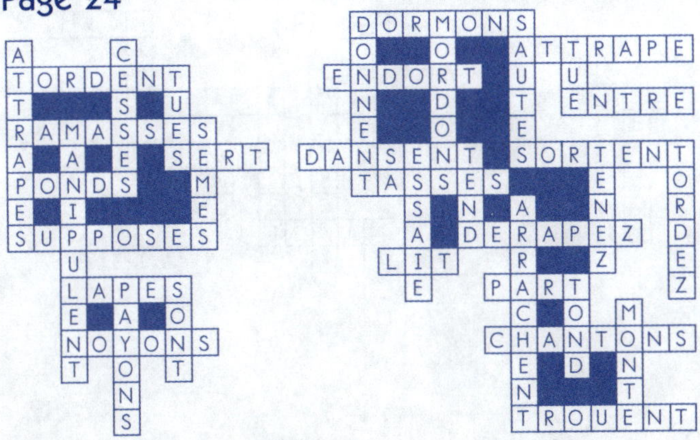

Page 25

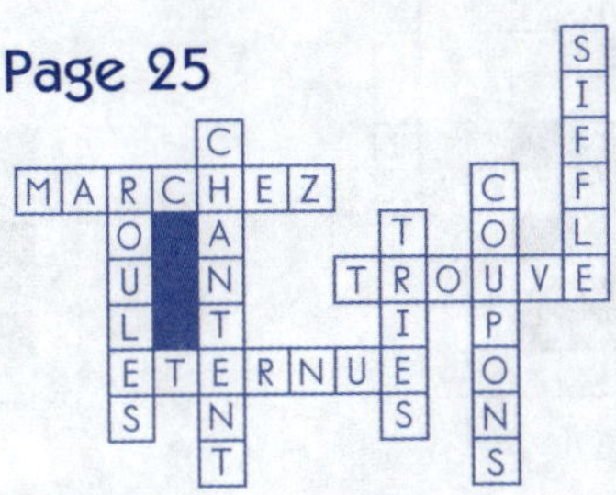

Page 26

Page 27

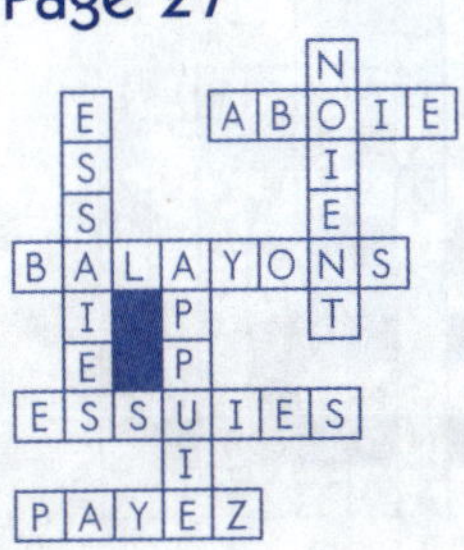

Page 28

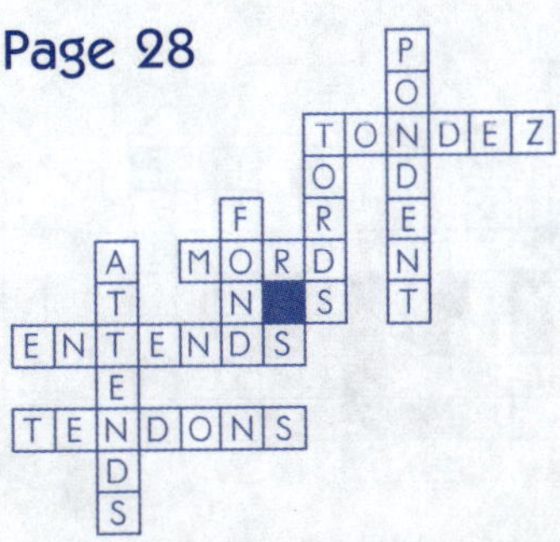

Page 29

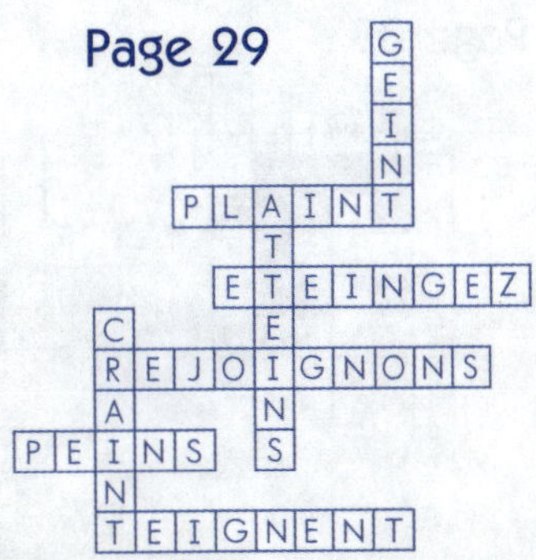

CORRIGÉS

Page 30

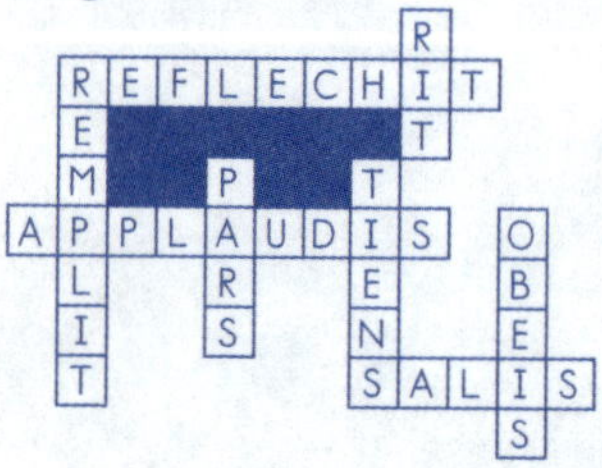

Page 31

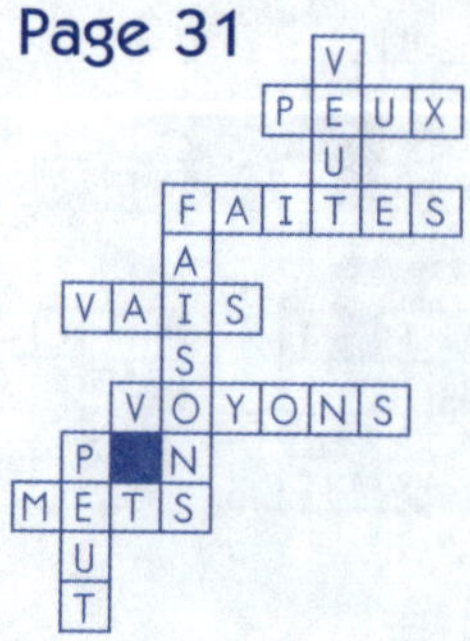

Page 32

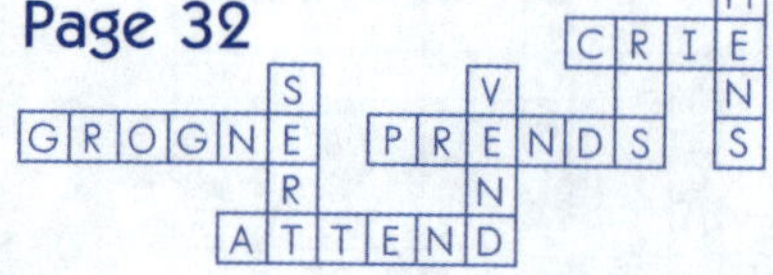

Page 33

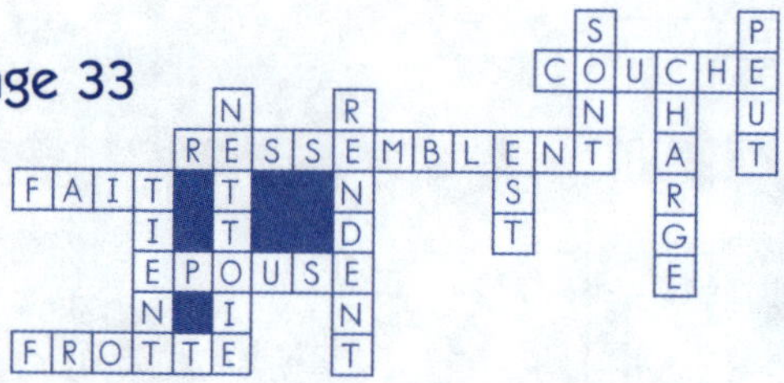

Page 34

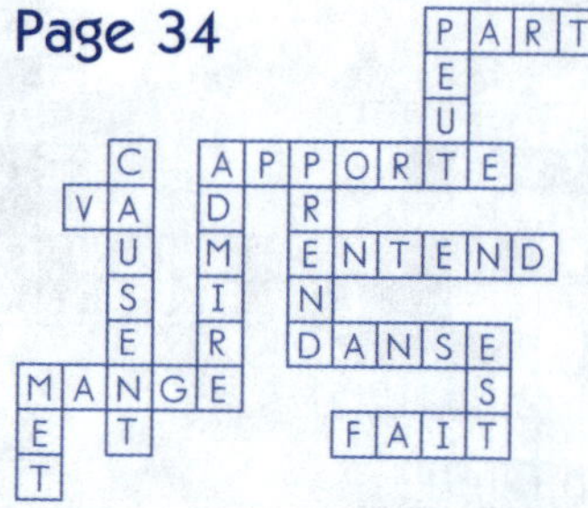

Page 36

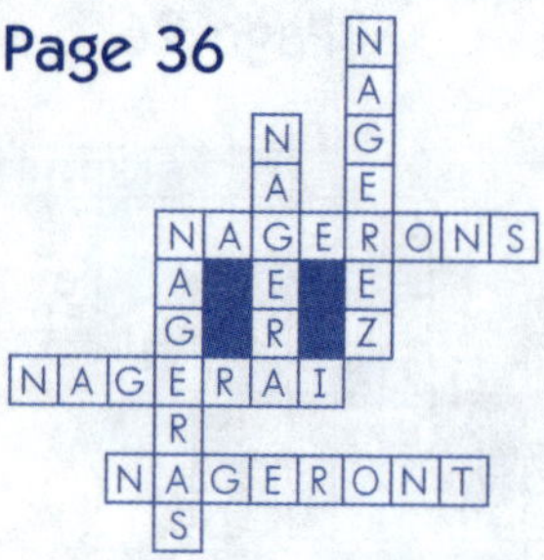

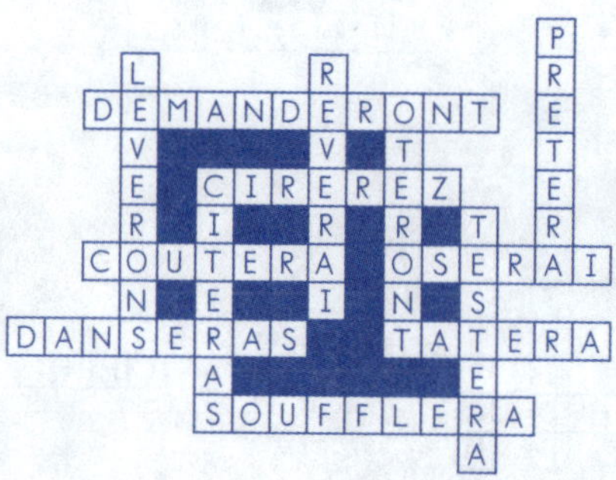

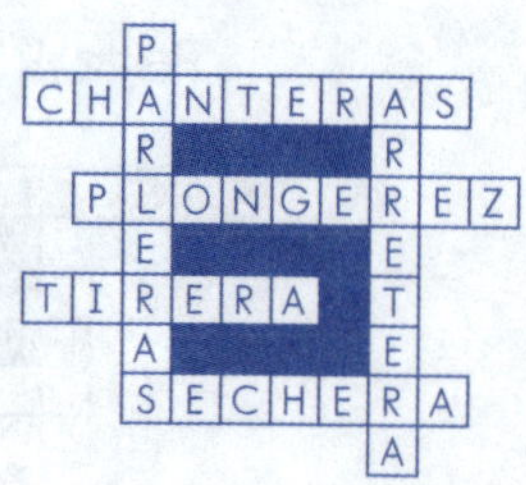

Page 37

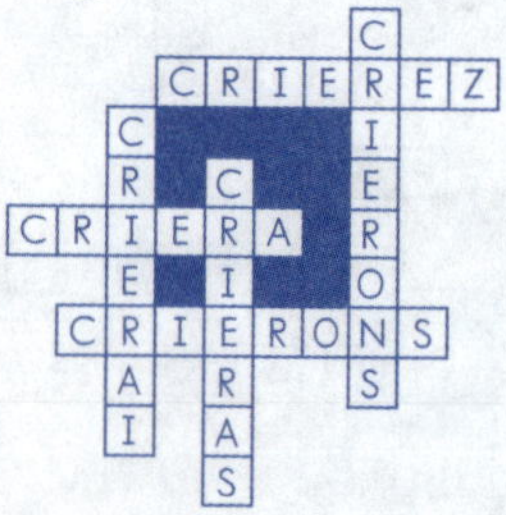

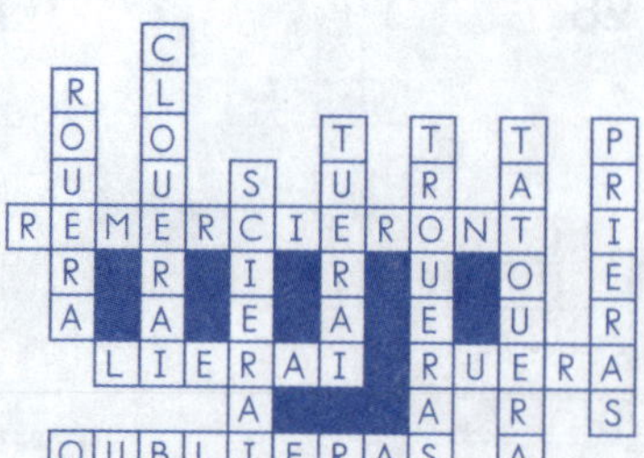

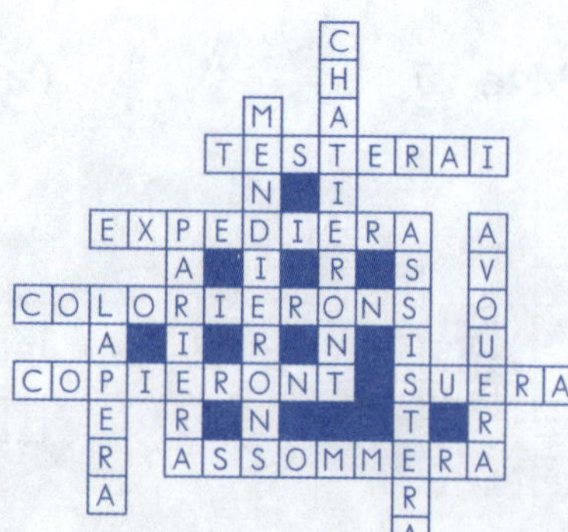

CORRIGÉS

Page 38

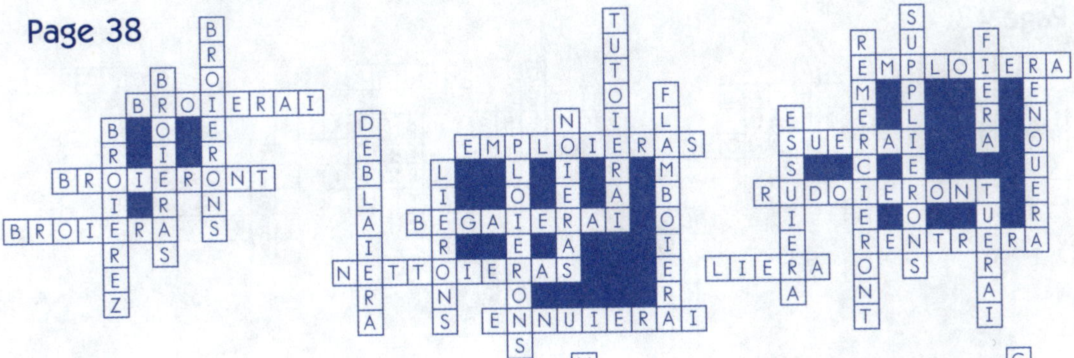

Page 39

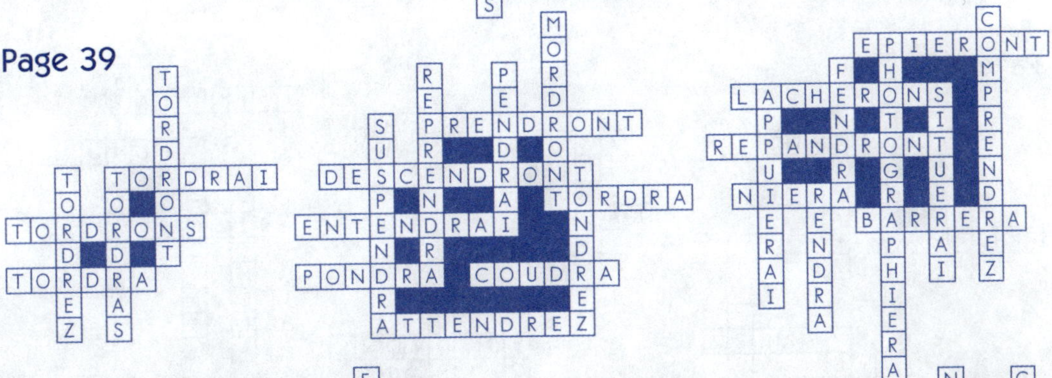

Page 40

Page 41

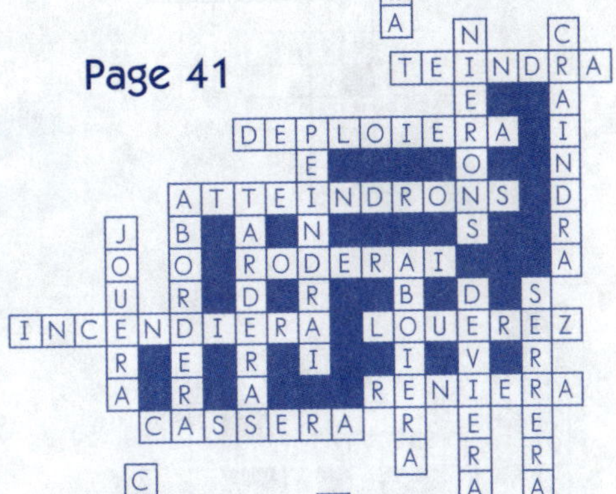

Page 42

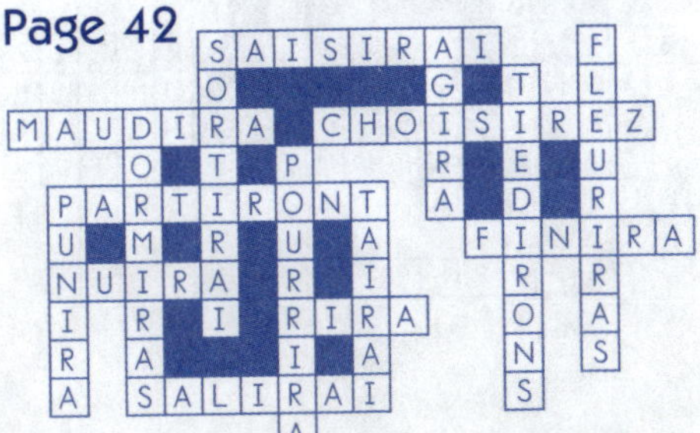

Page 43

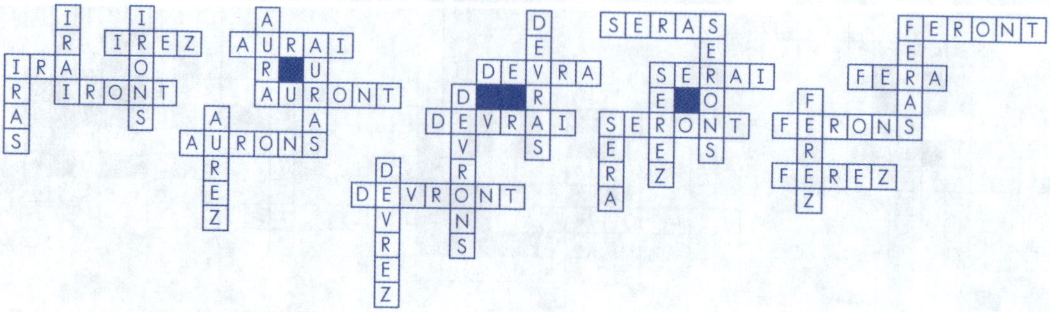

Page 44

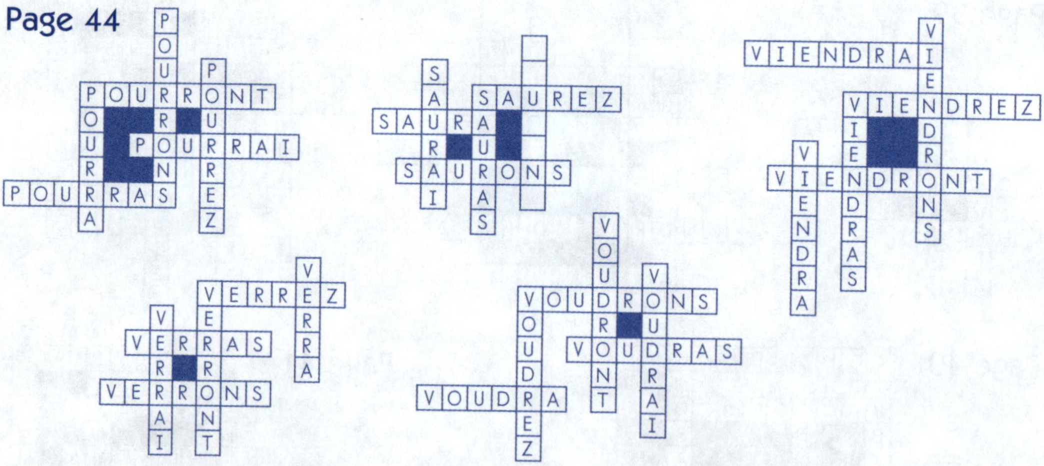

Page 45

Page 46

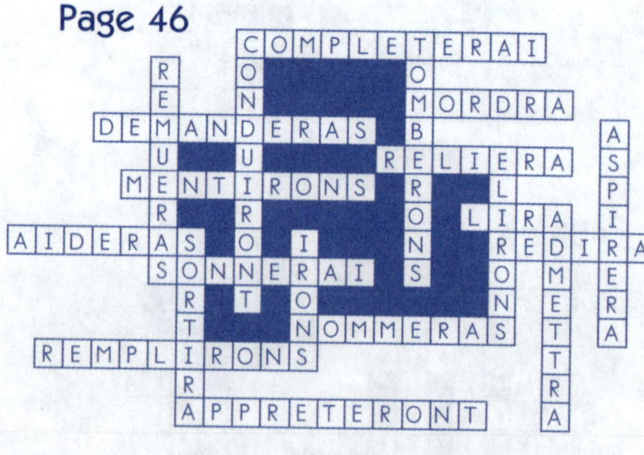

Page 47

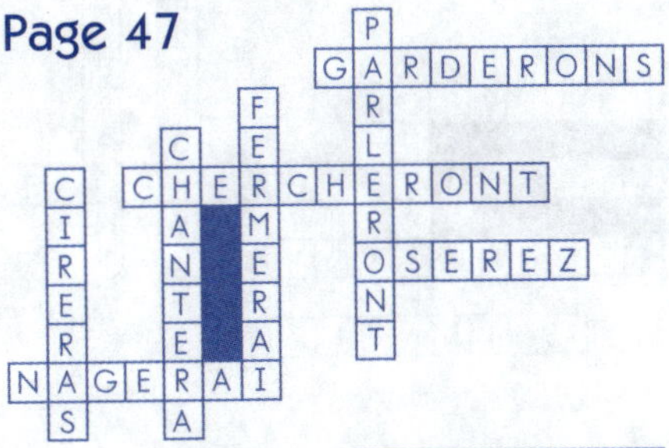

Page 48

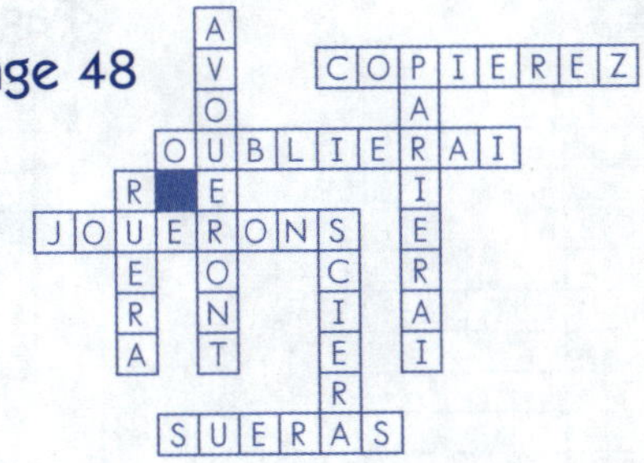

Page 49

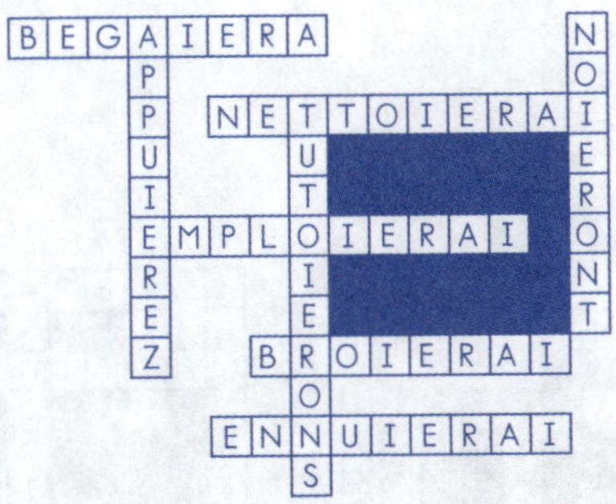

Page 50

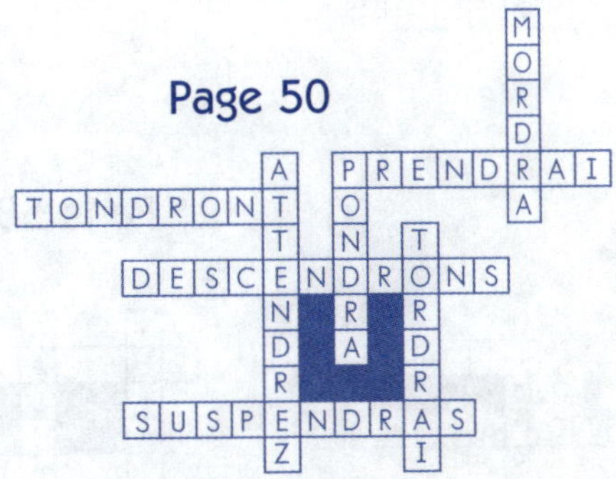

Page 51

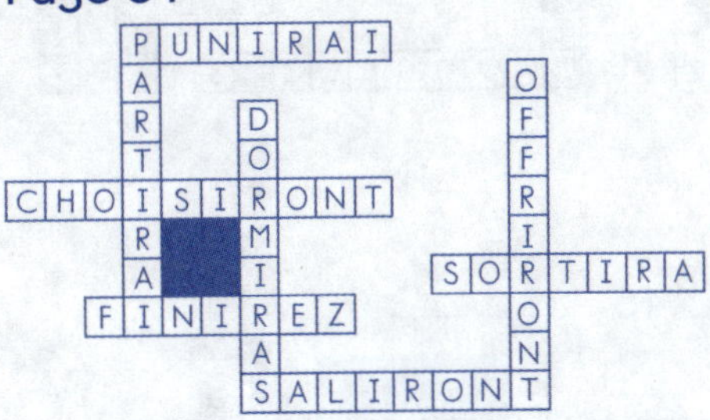

Page 52

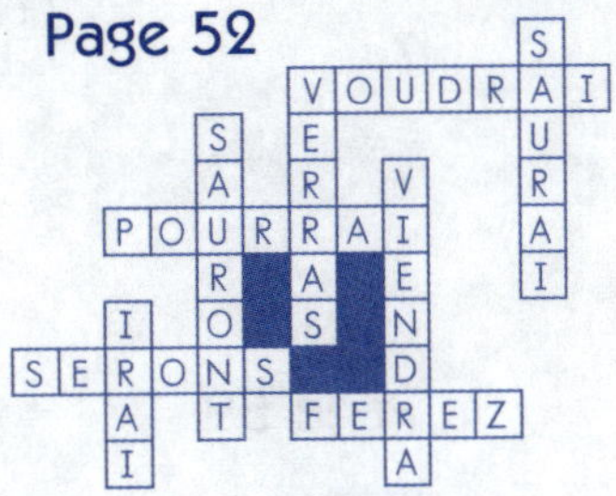

Page 53

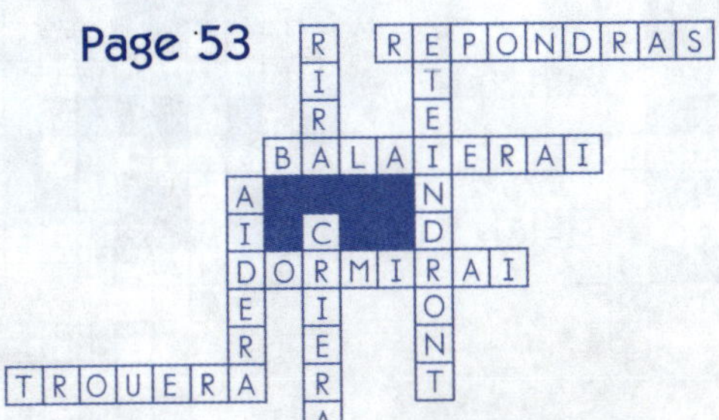

Page 54

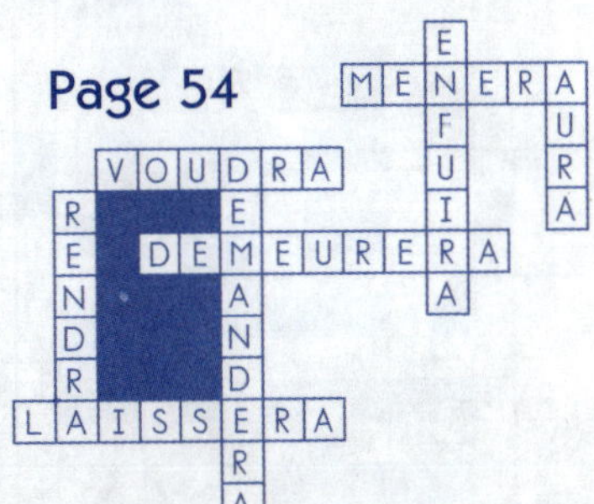

CORRIGÉS

Page 55

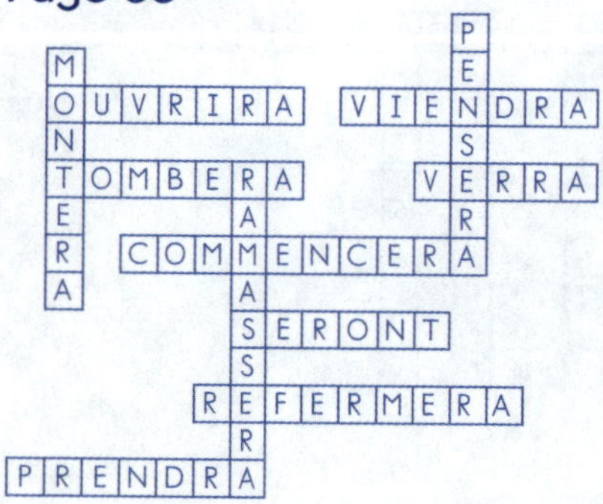

Page 56

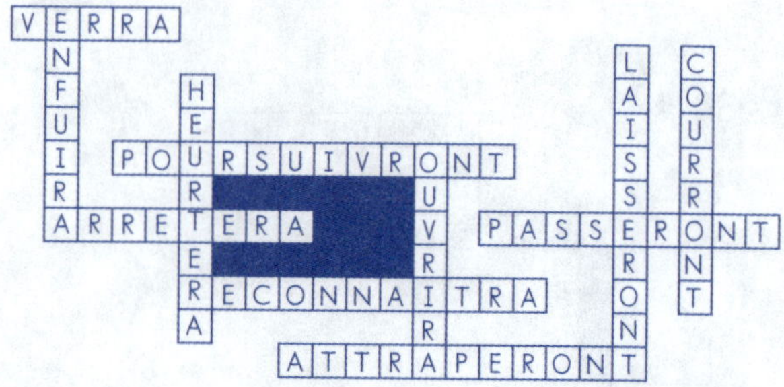

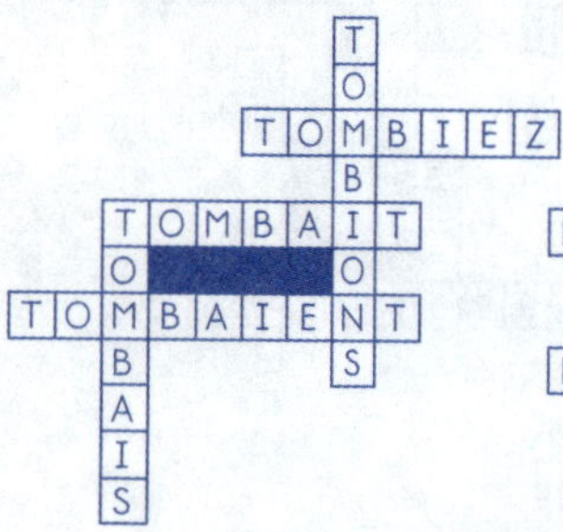

Page 58

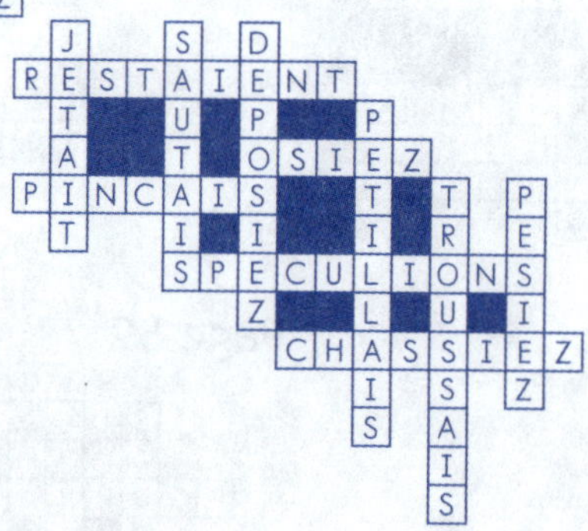

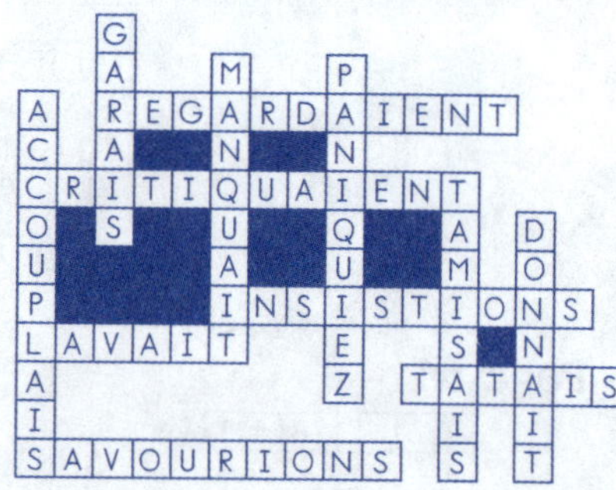

Page 59

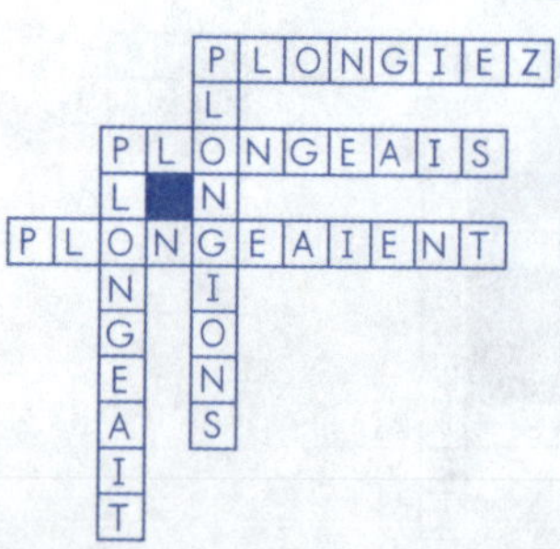

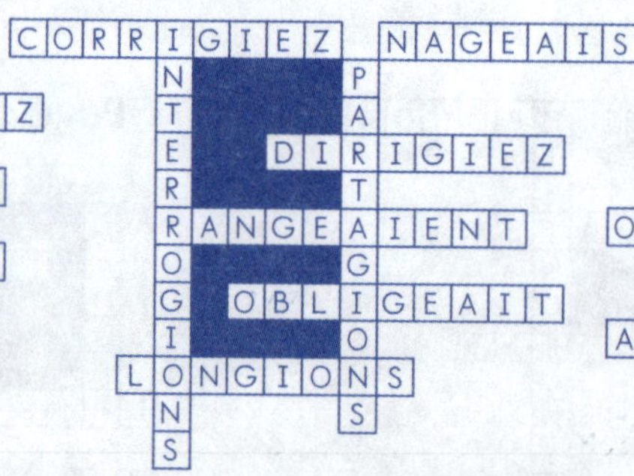

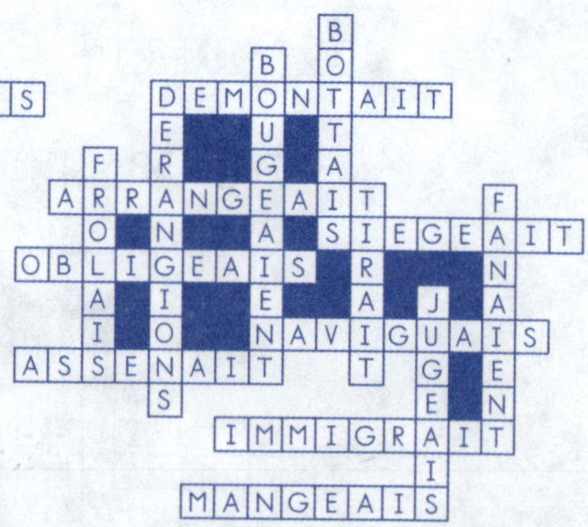

CORRIGÉS

Page 60

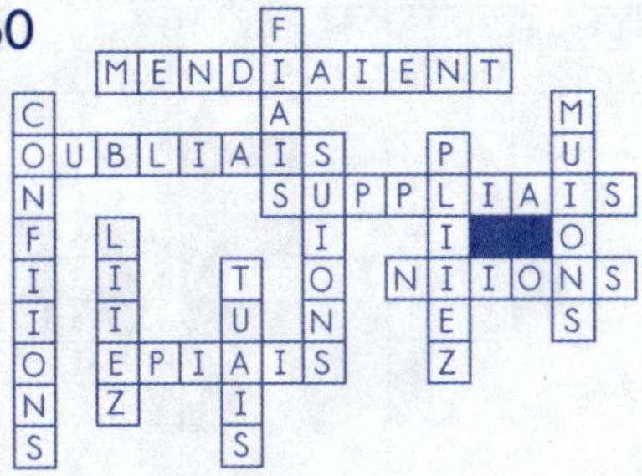

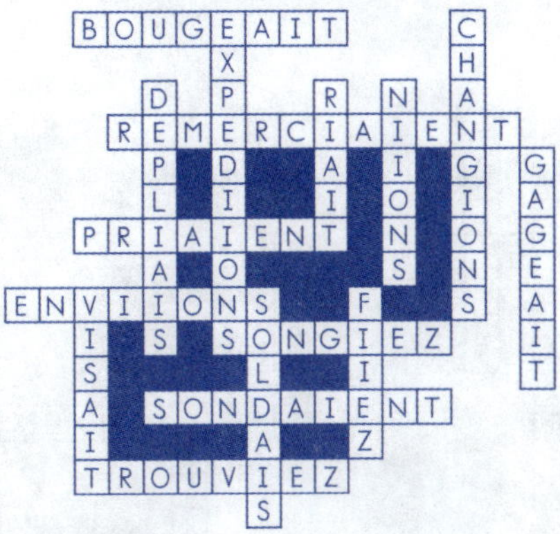

Page 61

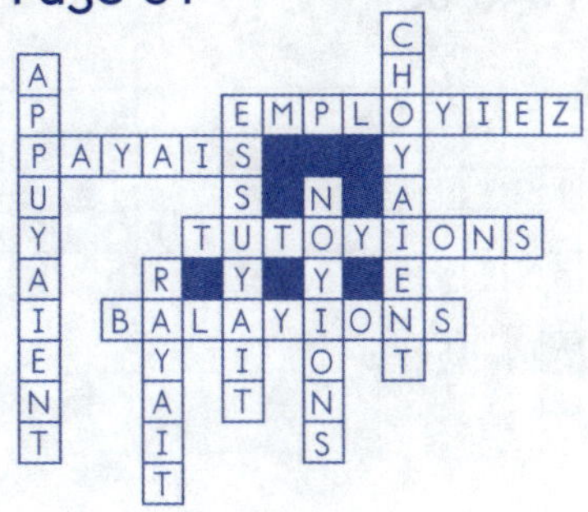

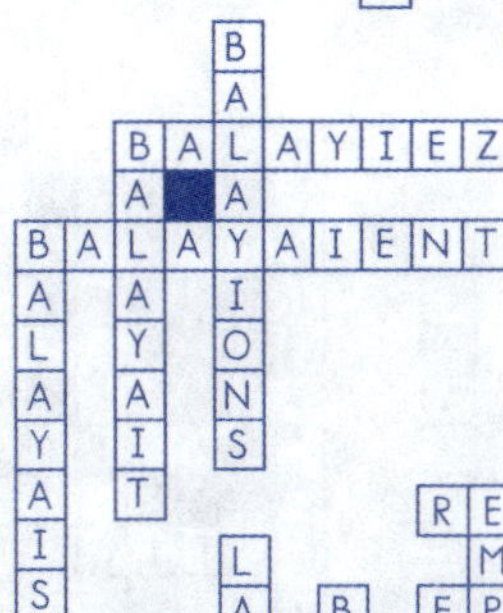

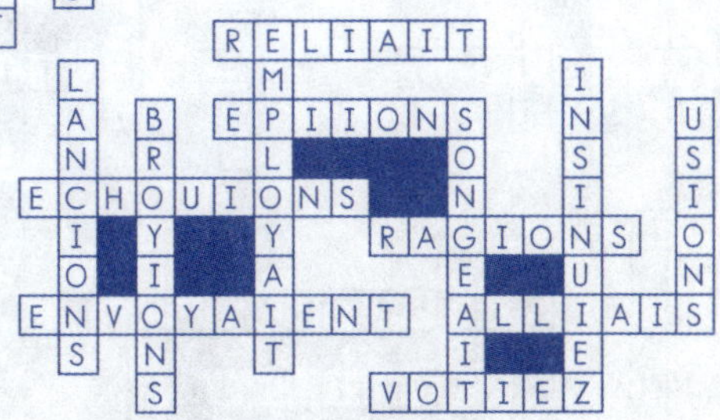

Page 62

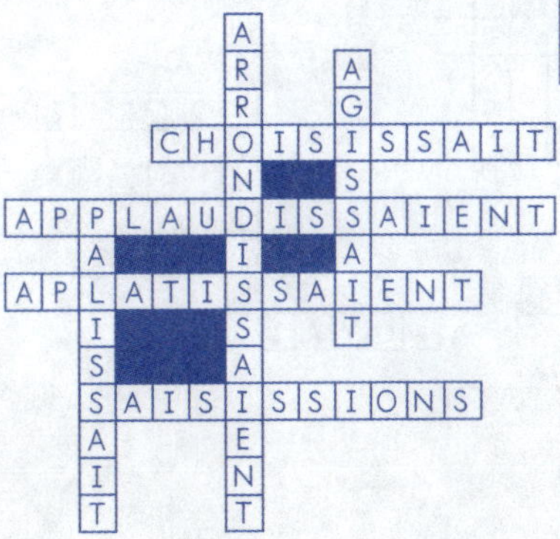

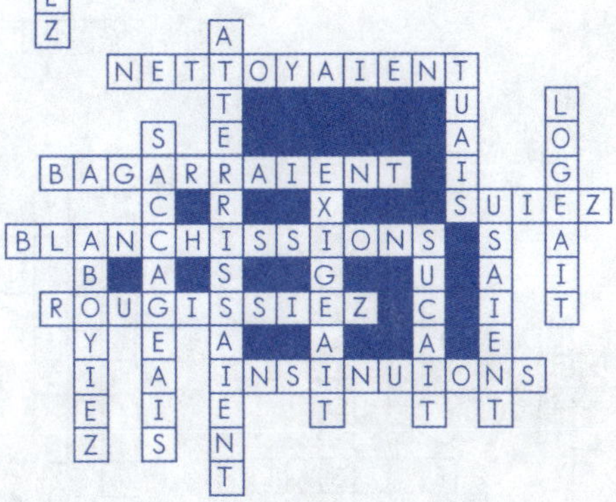

CORRIGÉS

Page 63

TORDIEZ, TORDAIENT, TORDAIT, TORDIONS, TORDAIS

REPONDAIT, PRETENDAIENT, TONDAIT, SOURDIONS, MORDIONS, ENTENDAIS, RENDAIT, REPENDIEZ

COPIIEZ, PATAUGEAIENT, ATTERRISSANT, MENDIIEZ, NETTOYIEZ, CONFIIEZ, EXPEDIIEZ, PLACIONS, FOUDROYIONS, GEMISSAIS, SUIEZ, TUIEZ

Page 64

PEIGNAIS, PEIGNAIENT, PEIGNAIT, PEIGNIONS, PEIGNIEZ

REPEIGNAIENT, TRIAIT, GELIEZ, AMORTISSAIT, ATTISAIENT, NOTIFIIEZ, SACCAGEAIS, TRAVAILLIEZ, BRILLIONS, PLAIGNIONS, NAGEAIT, TEIGNAIT, TIRAILLIEZ, HESITAIT, RAYIONS

ATTEIGNAIENT, CRAIGNIONS, REJOIGNIONS, DETEIGNIEZ, PLAIGNAIT, PEIGNIEZ, ETEIGNAIS, ENFREIGNAIS

Page 65

ALLAIENT, ALLAIT, ALLIONS, ALLAIS, ALLIEZ

AVIONS, AVAIENT, AVIEZ, AVAIS, AVAIT

Page 65

CONNAISSAIS, CONNAISSAIENT, CONNAISSAIT, CONNAISSIEZ, CONNAISSIONS

VOYAIENT, VOYIEZ, VOYAIT, VOYAIS, VOYIONS

Page 65

ETAIENT, ETAIS, ETIEZ, ETIONS, ETAIT

FAISAIENT, FAISIEZ, FAISAIS, FAISAIT, FAISIONS

PRENAIENT, PRENAIS, PRENAIT, PRENIONS, PRENIEZ

Page 66

Page 67

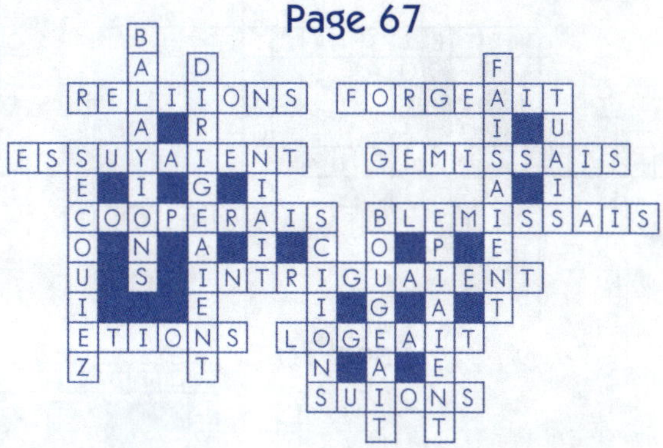

Page 68

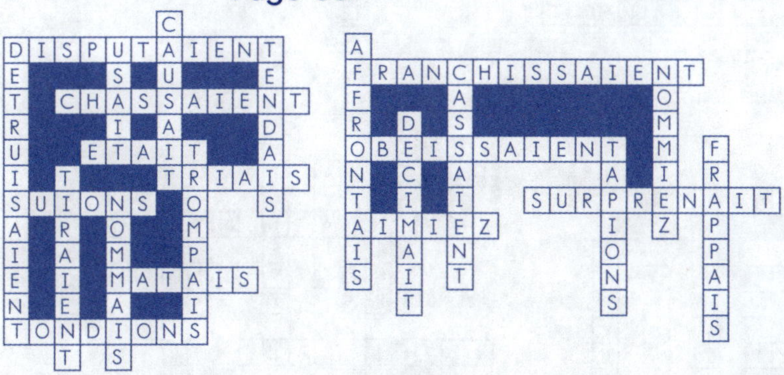

Page 69

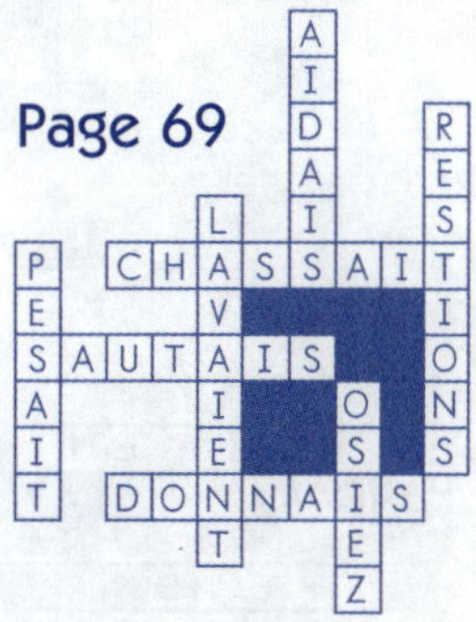

Page 70

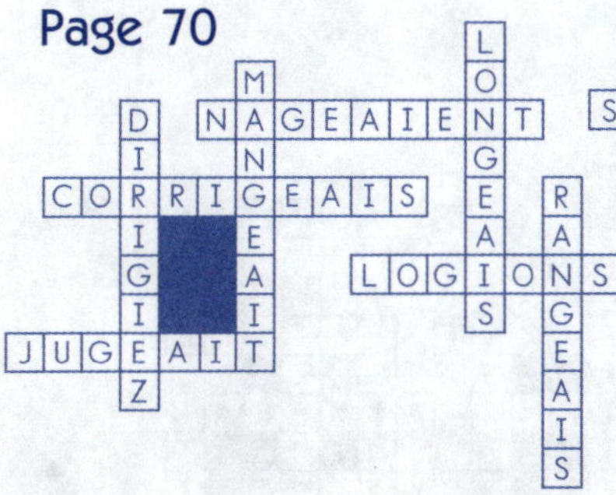

Page 71

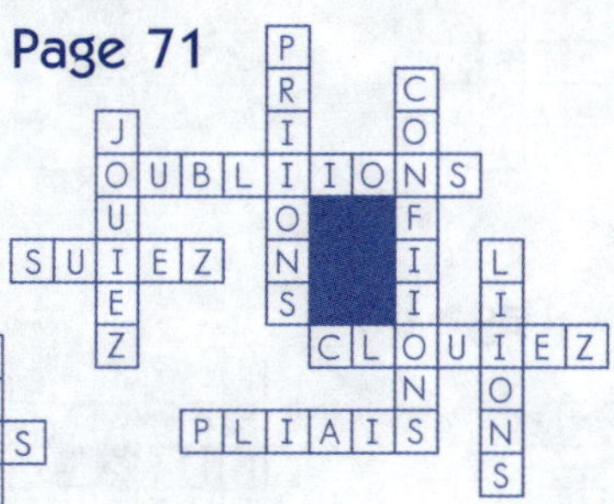

Page 72

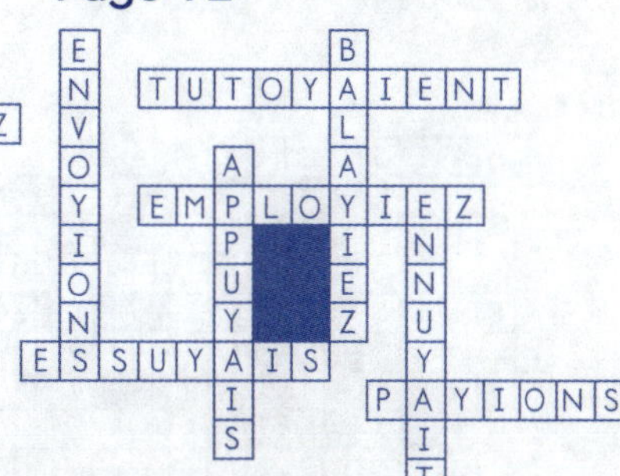

Page 73

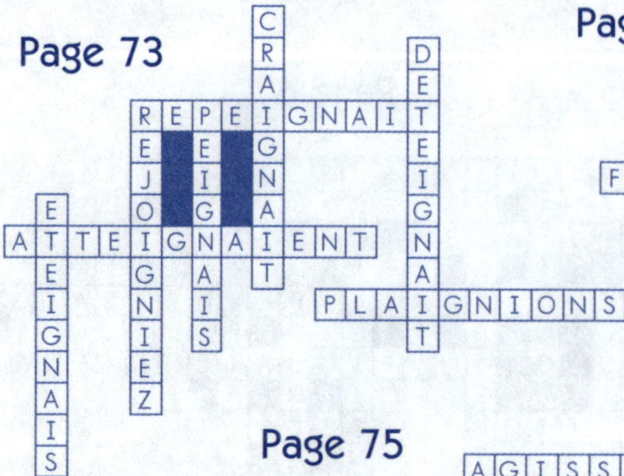

Page 74

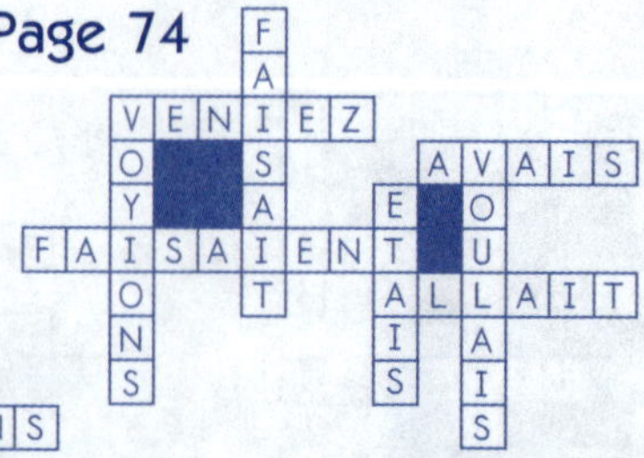

Page 75

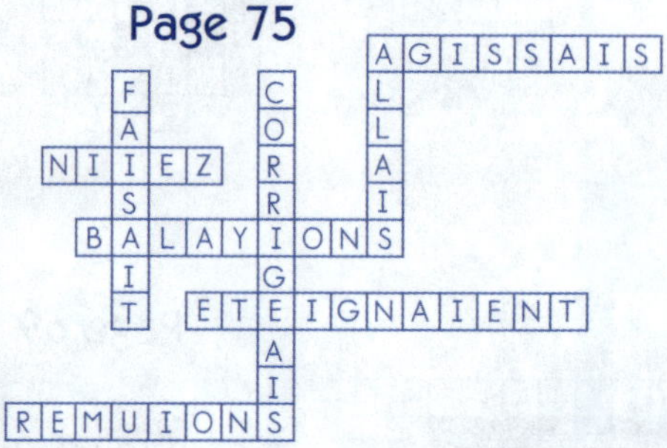

Page 76

Page 77

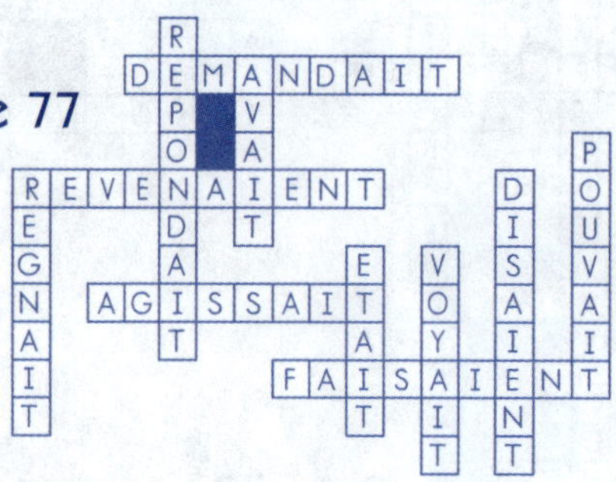

Page 78

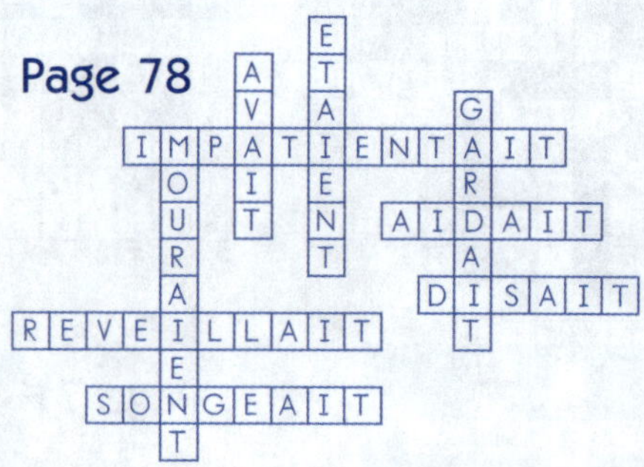

Page 80

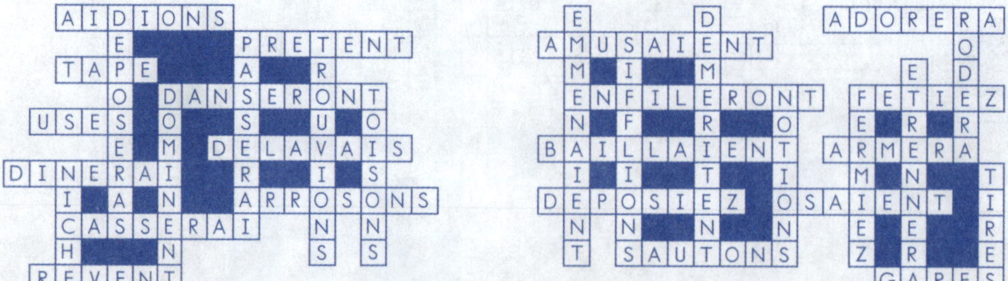

CORRIGÉS

Page 81

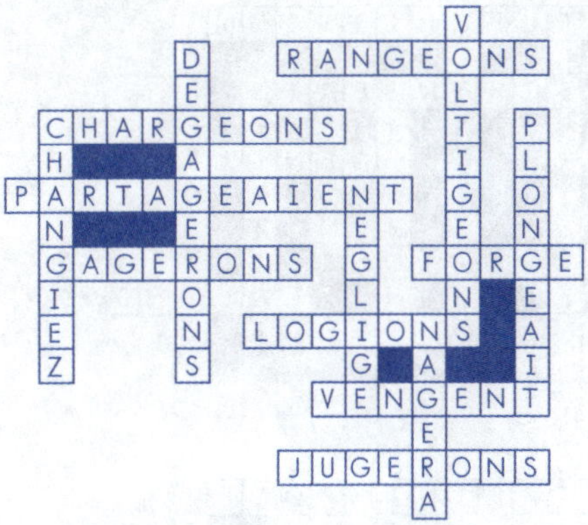

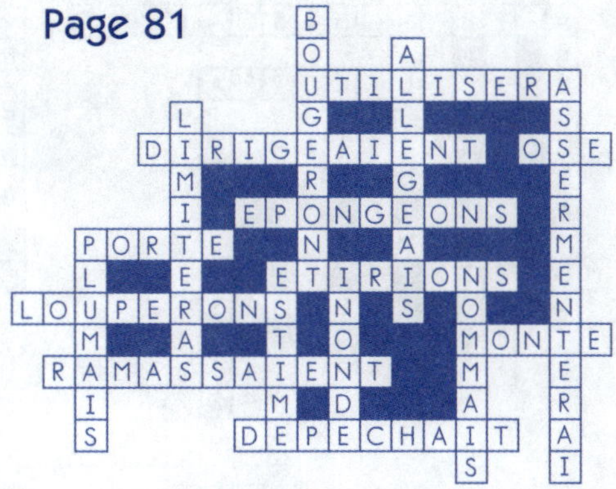

Page 82

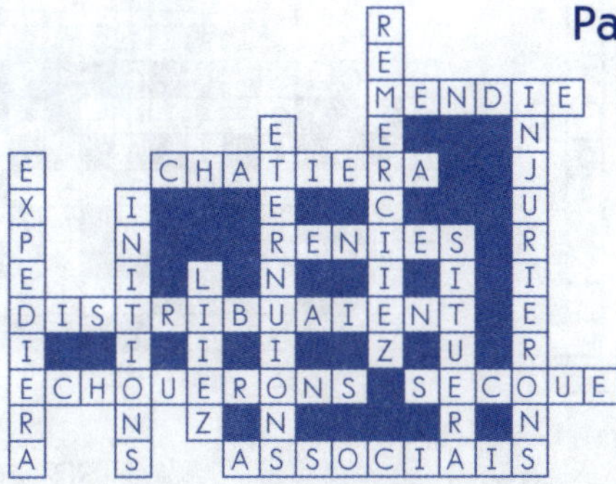

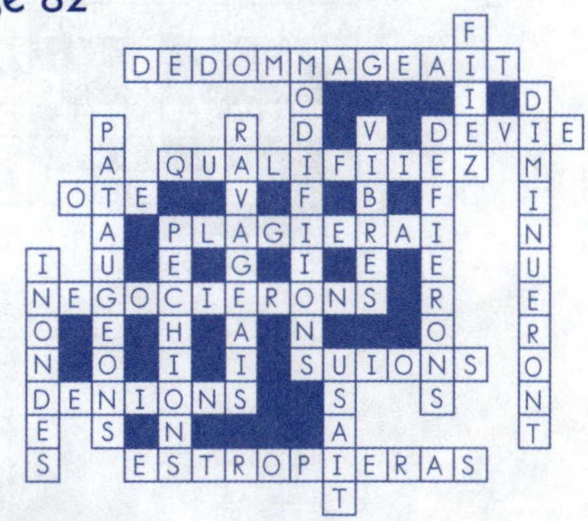

Page 83

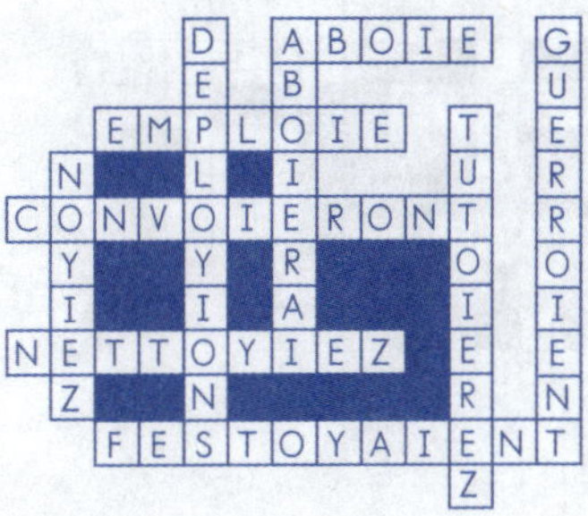

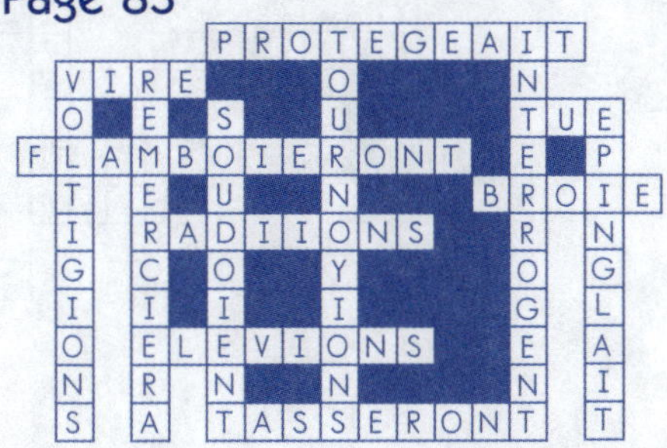

Page 84

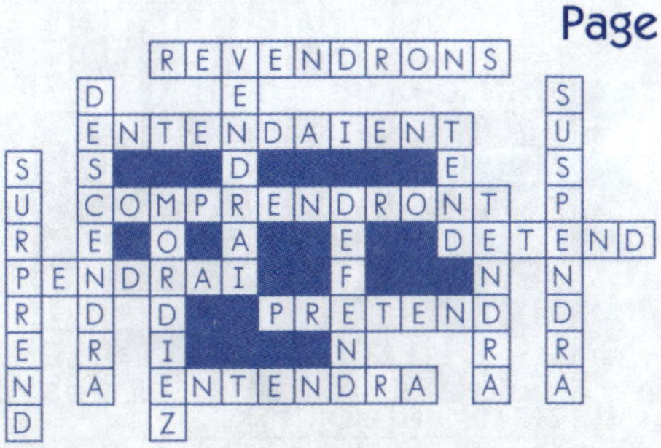

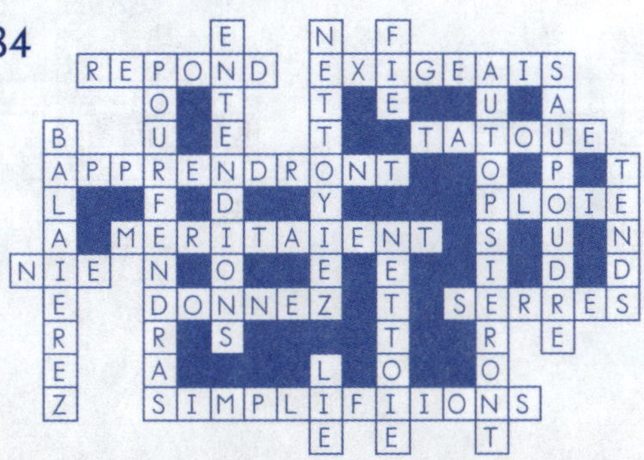

CORRIGÉS

Page 85

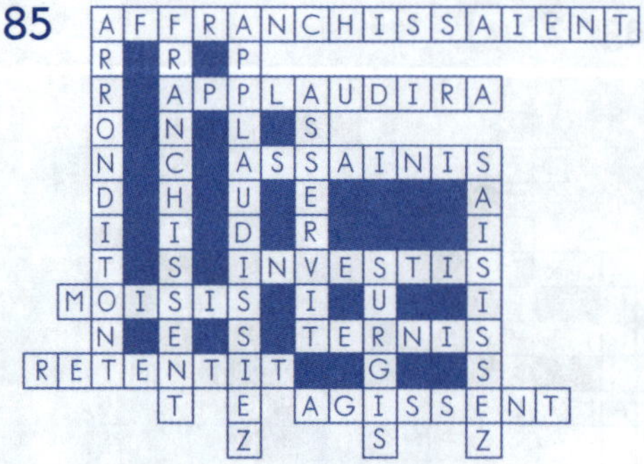

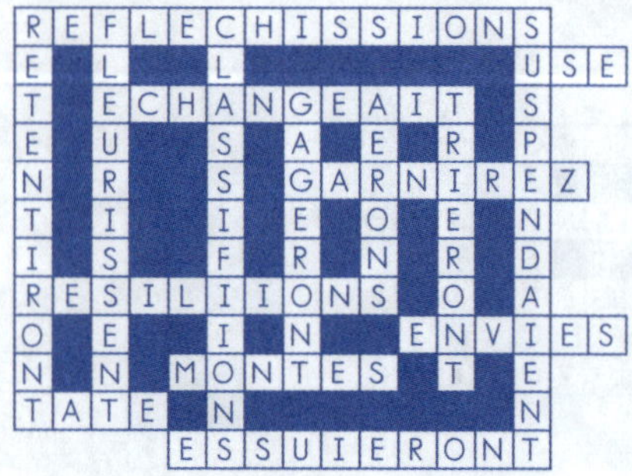

Page 86

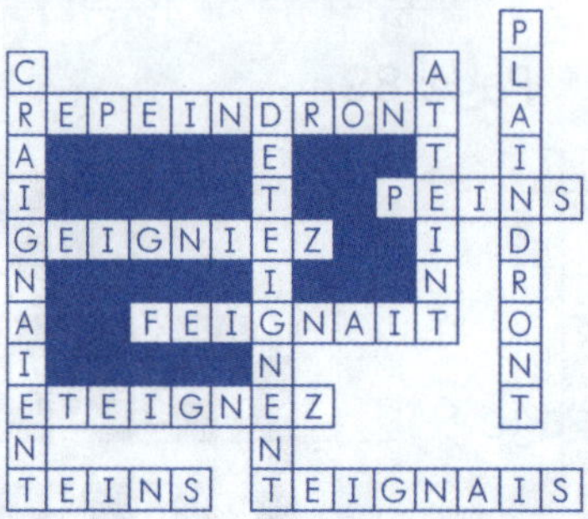

Page 87

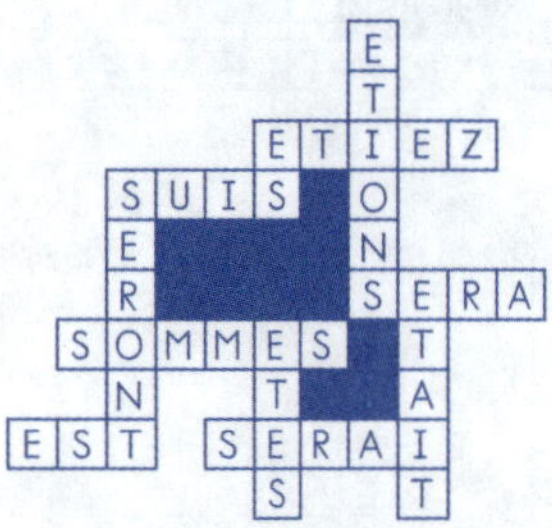

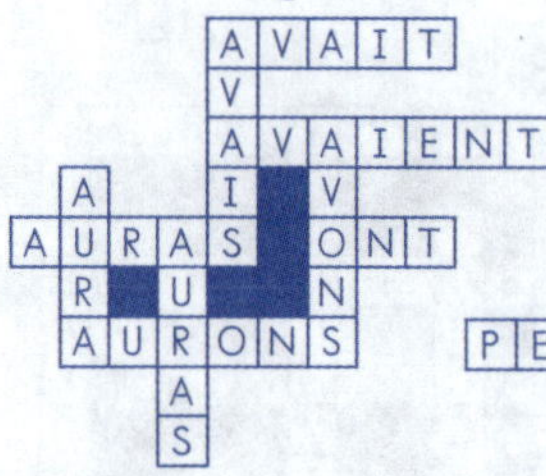

Page 88

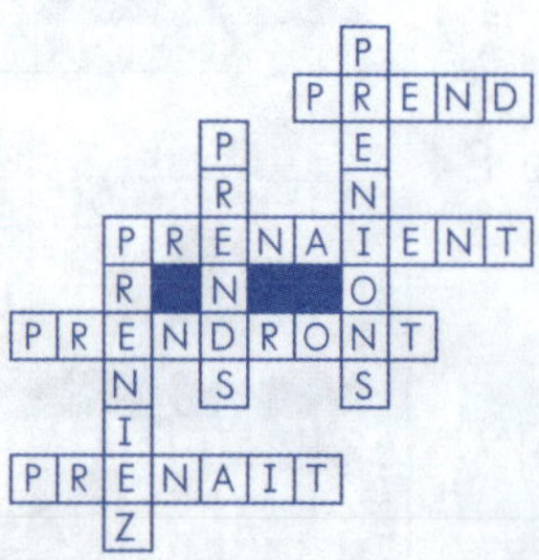

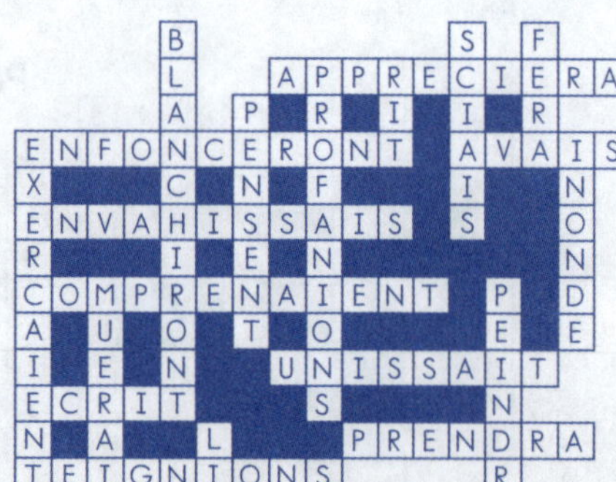

CORRIGÉS

Page 89

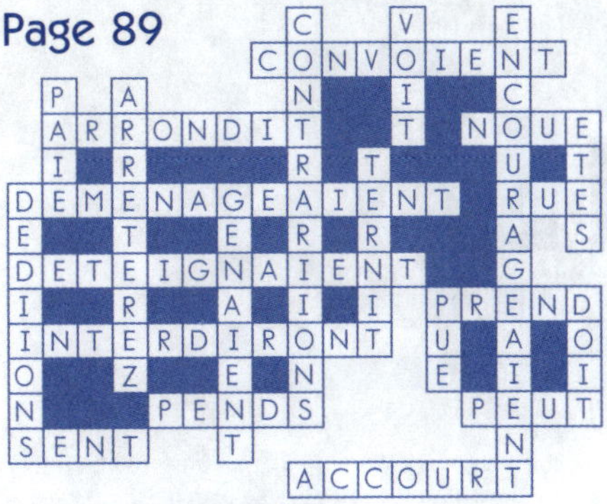

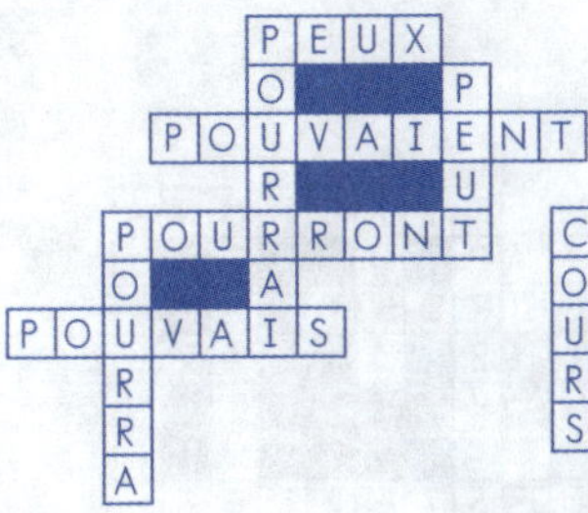

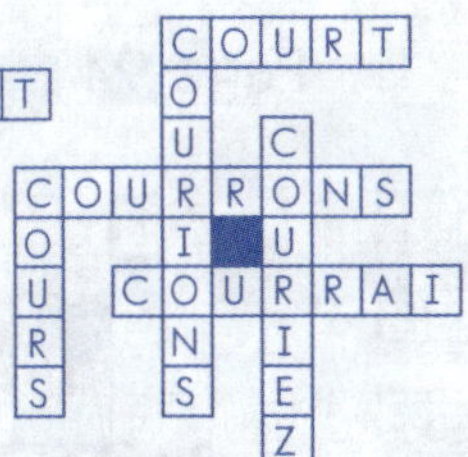

Page 90

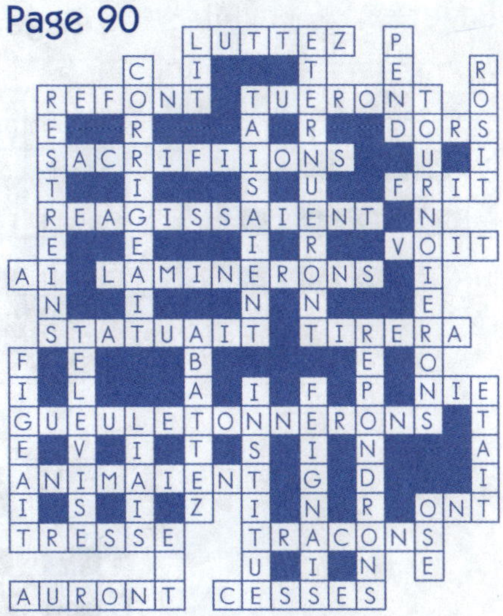

Page 91

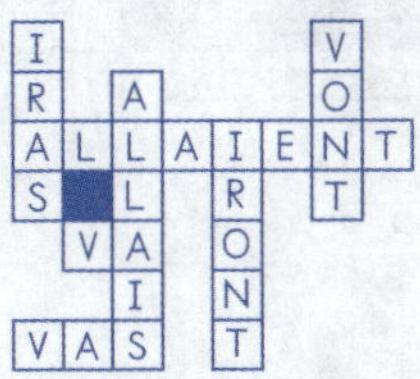

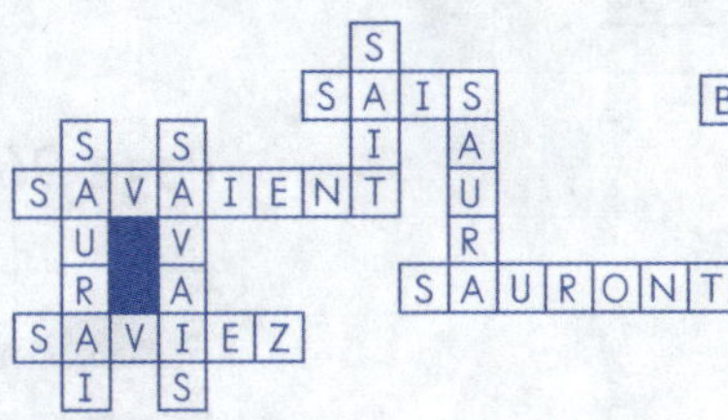

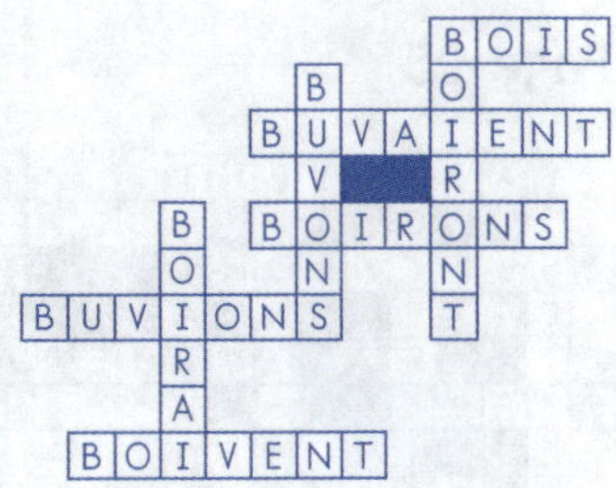

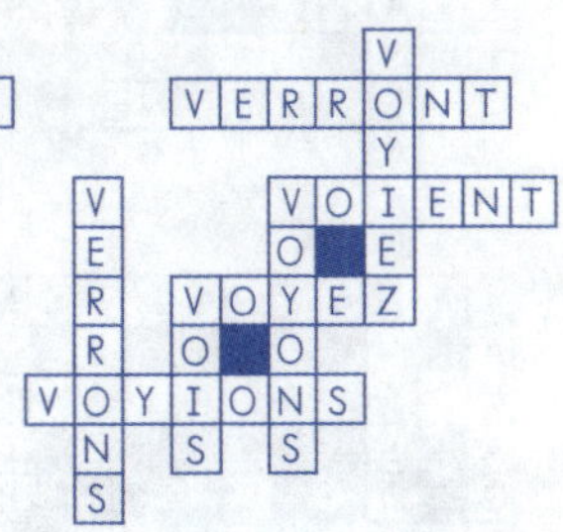

Page 92

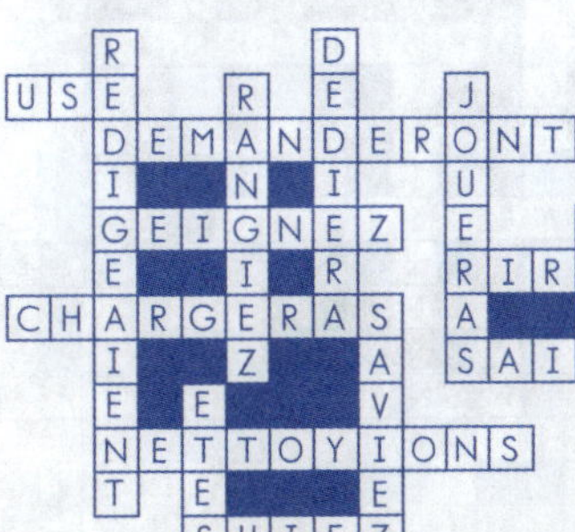

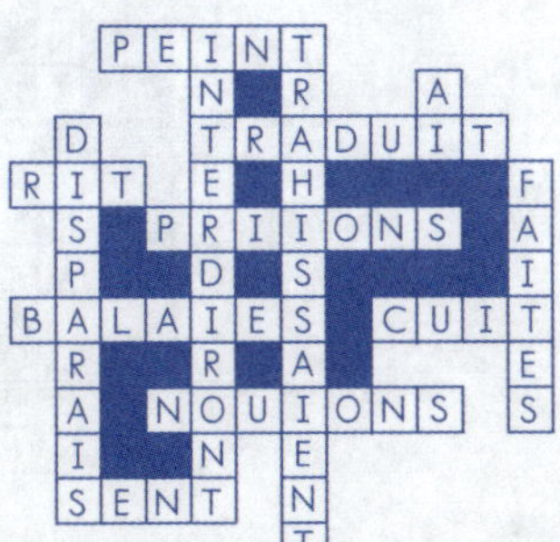

CORRIGÉS

Page 93

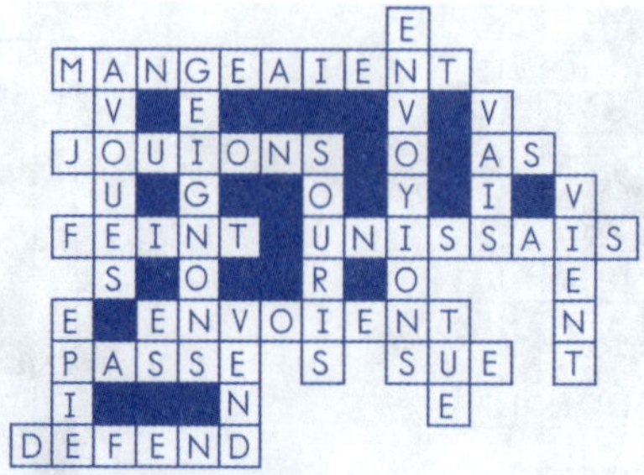

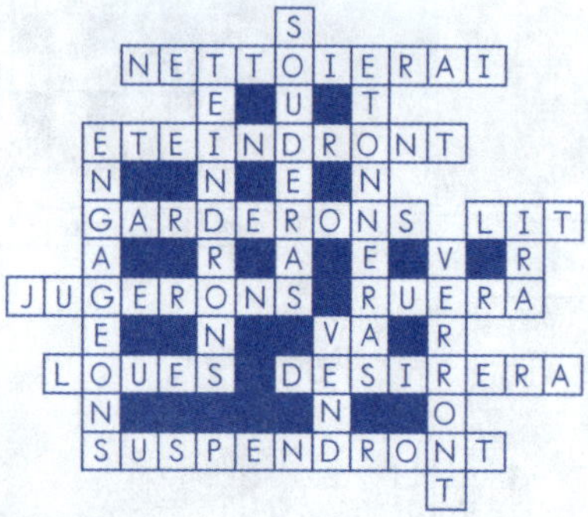

Page 94

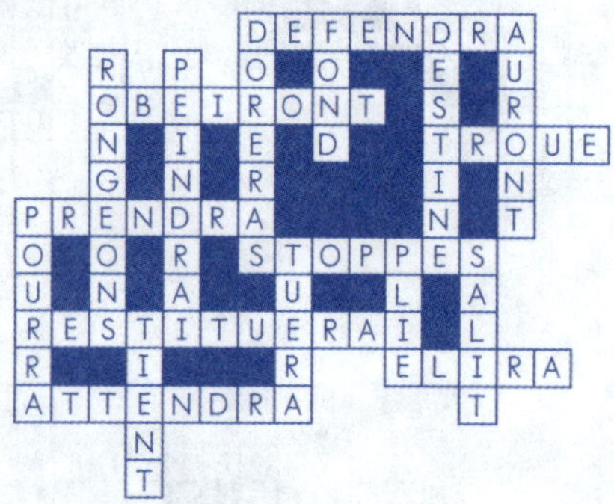

Page 95

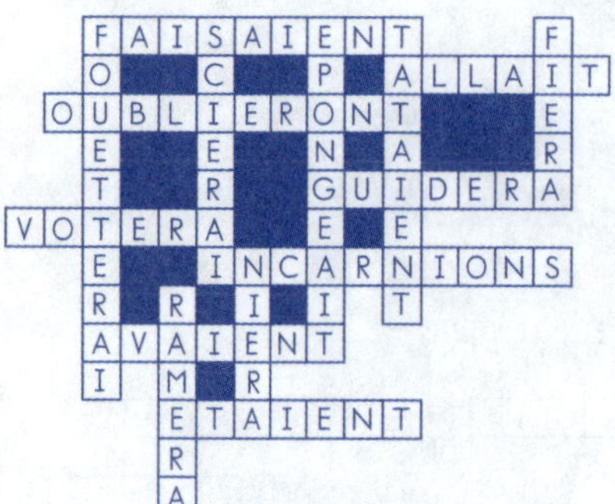

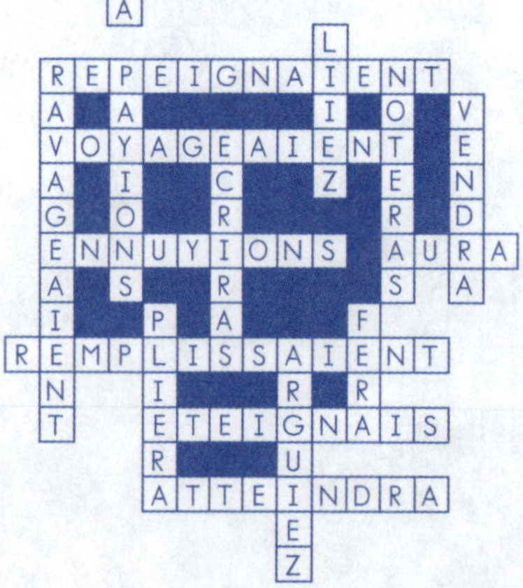

Page 96

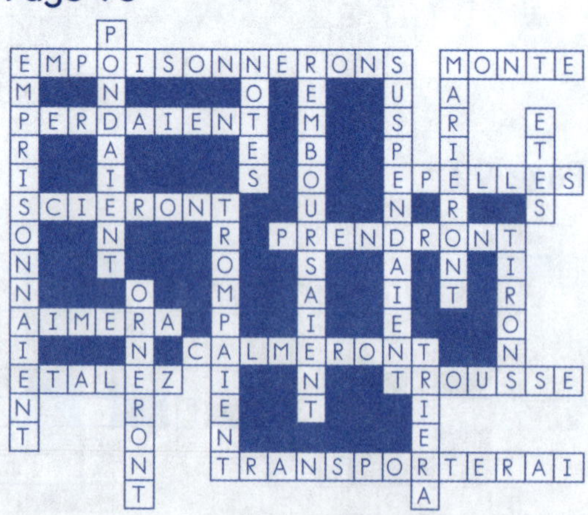

Page 97

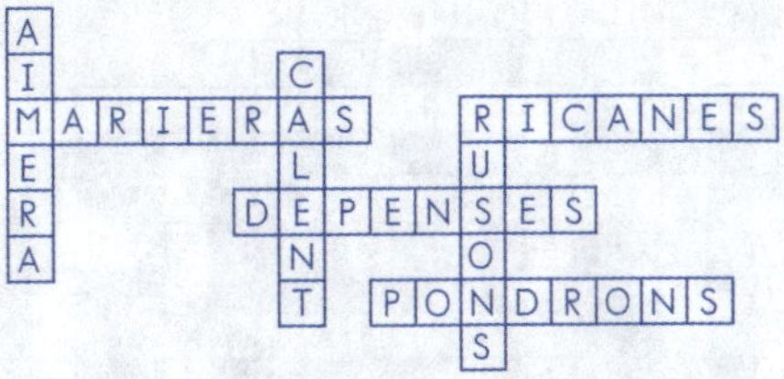

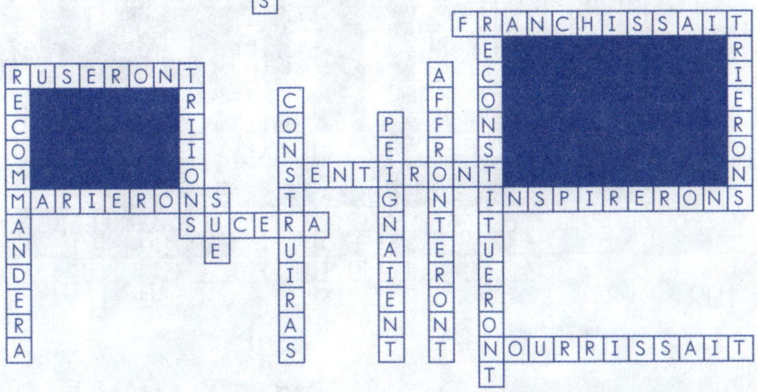

Page 98

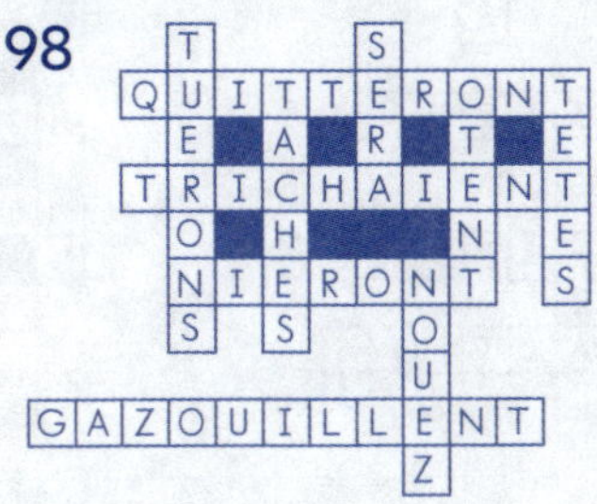

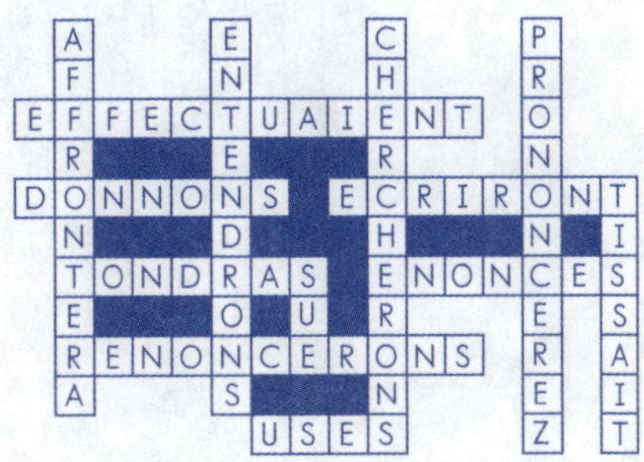

Page 99

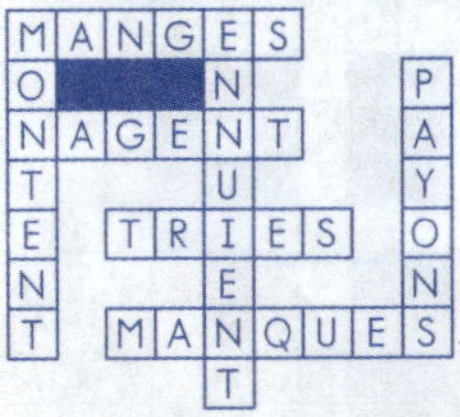

CORRIGÉS

Page 101

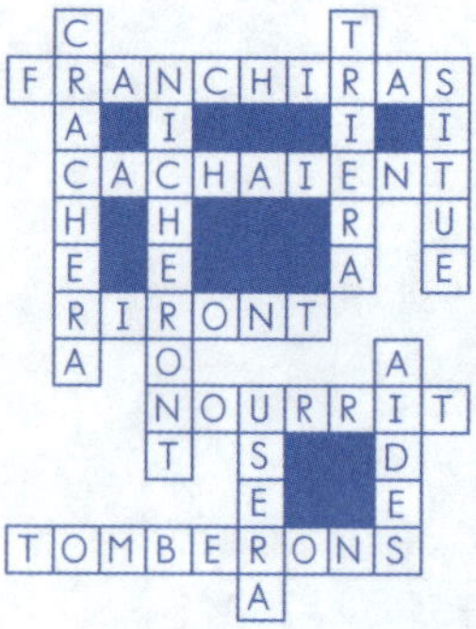

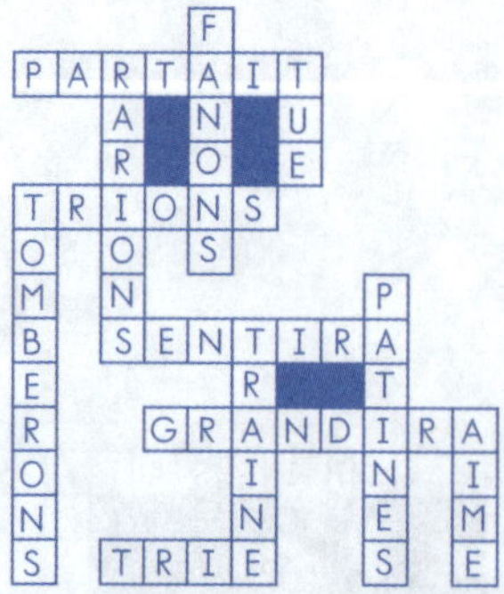

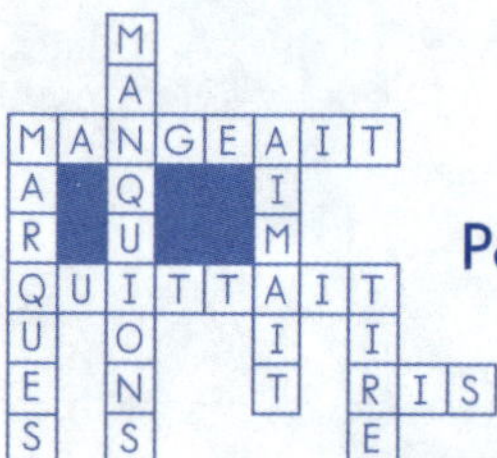

Page 100

Page 102

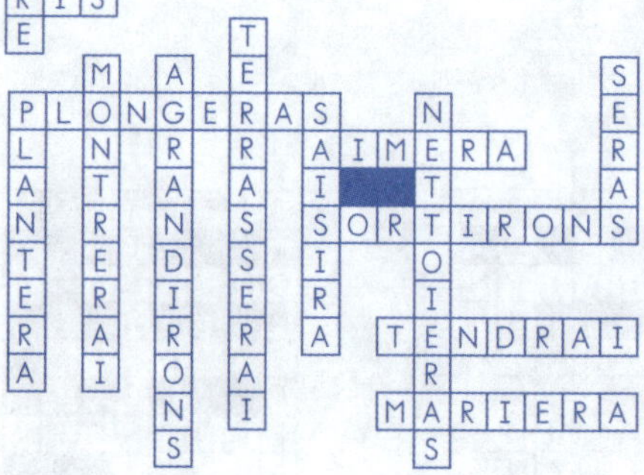

Page 103

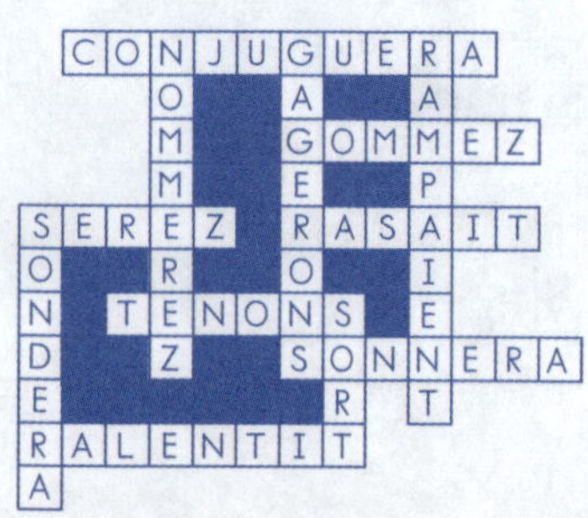

Page 104

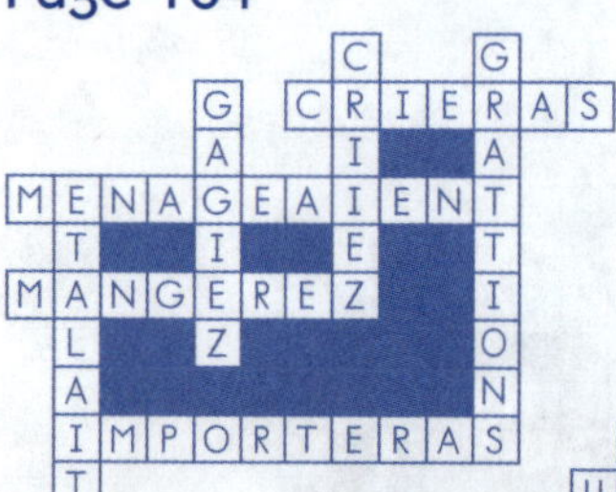

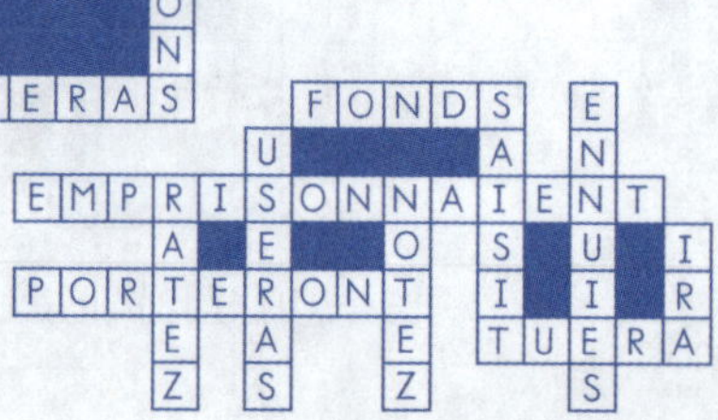

Page 106

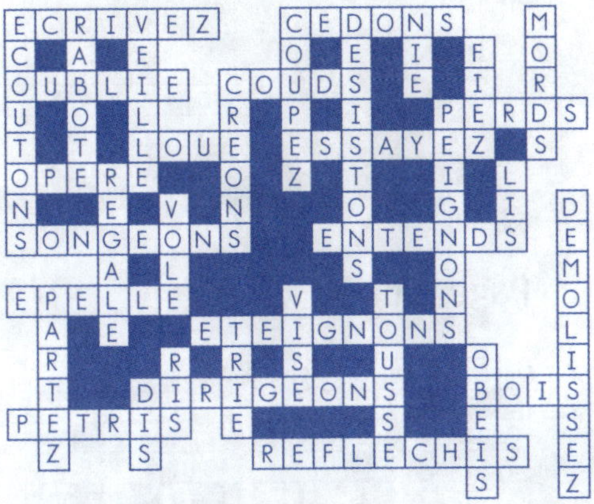

Page 107

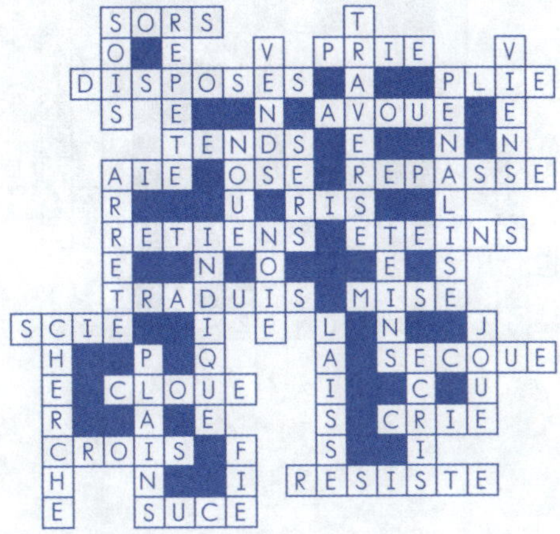

Page 108

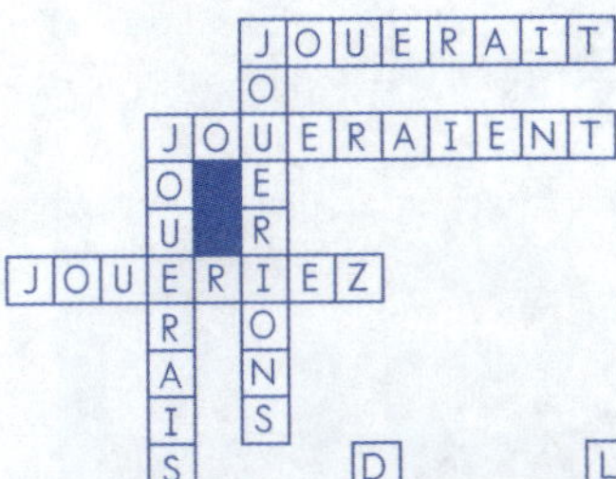

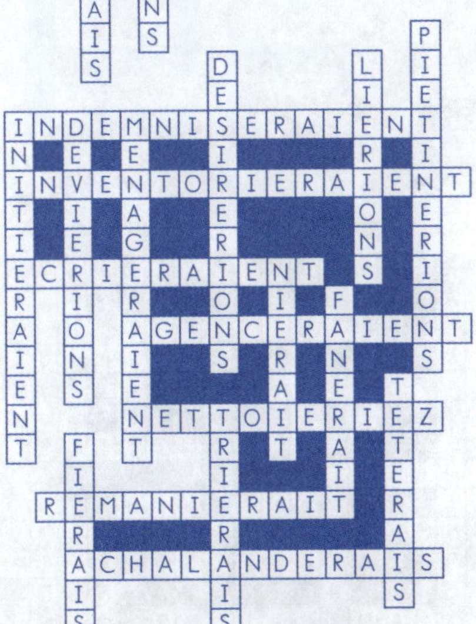

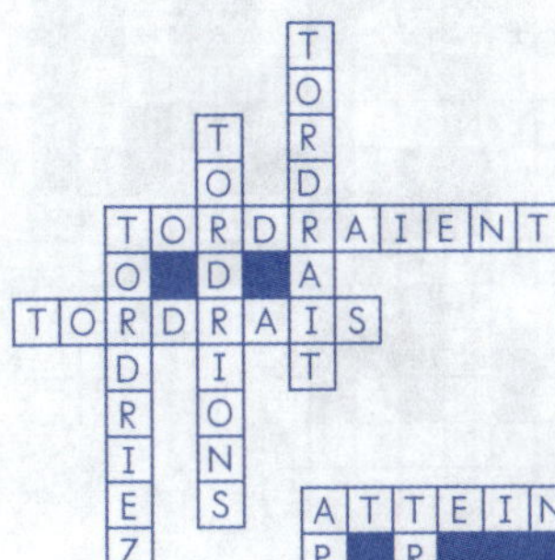

Page 109

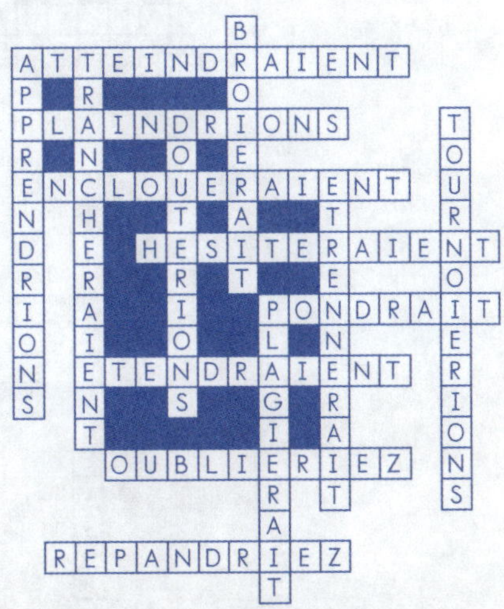

Page 110

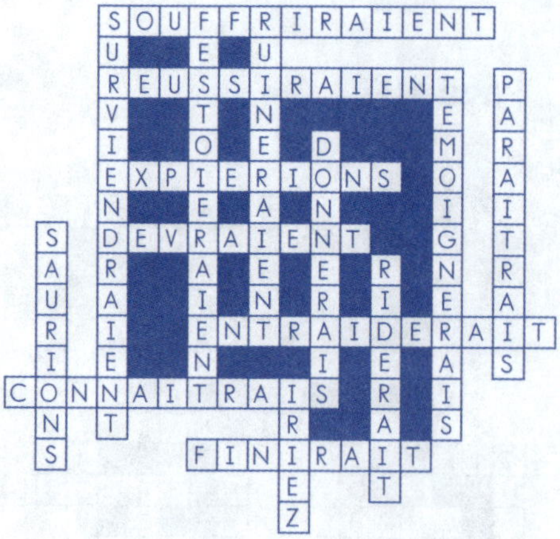

Page 111

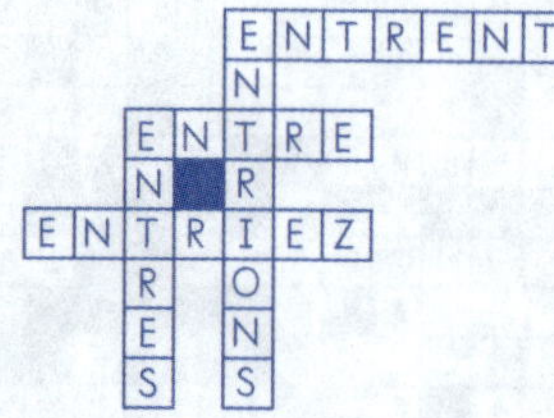

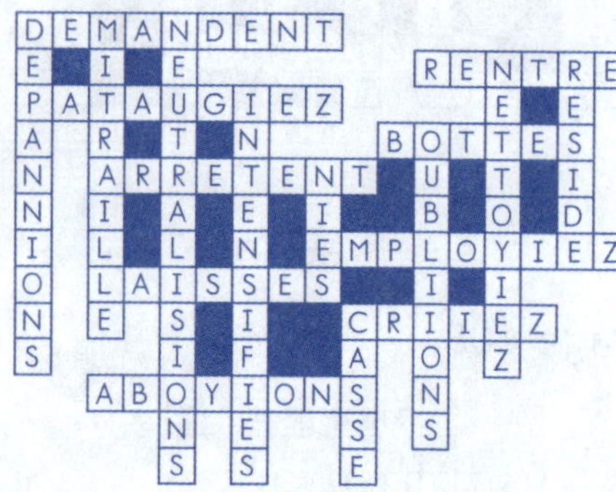

Page 112

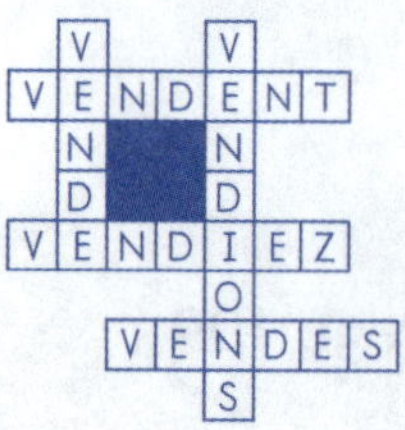

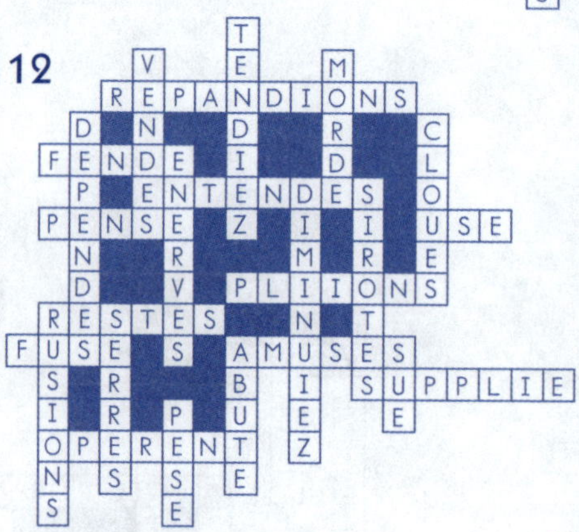

Page 113

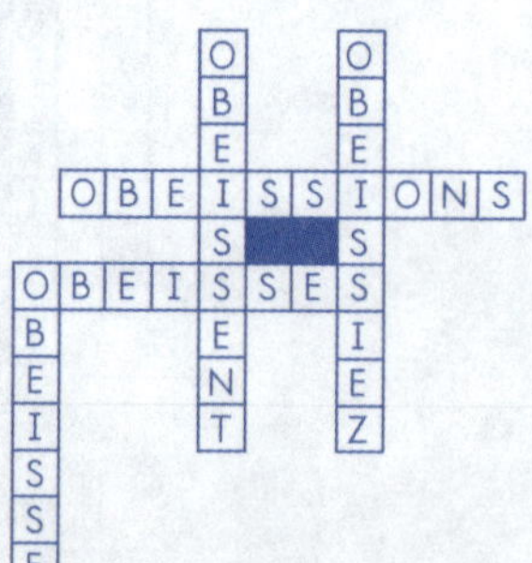

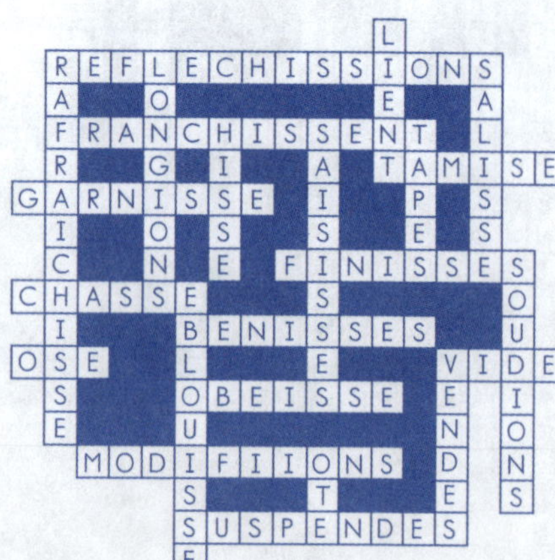

Page 114

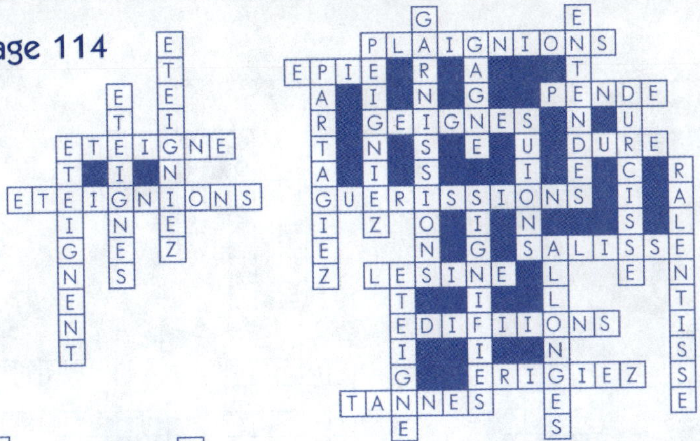

Page 115

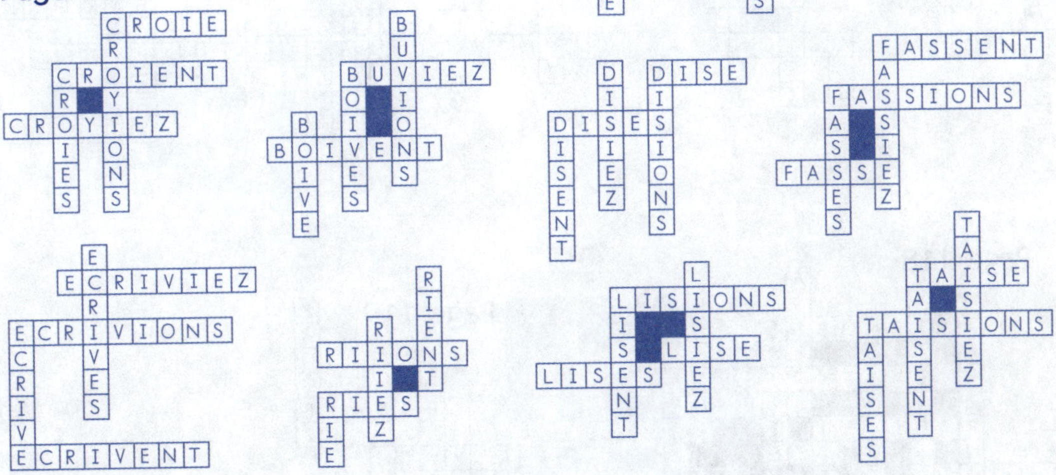

Page 116

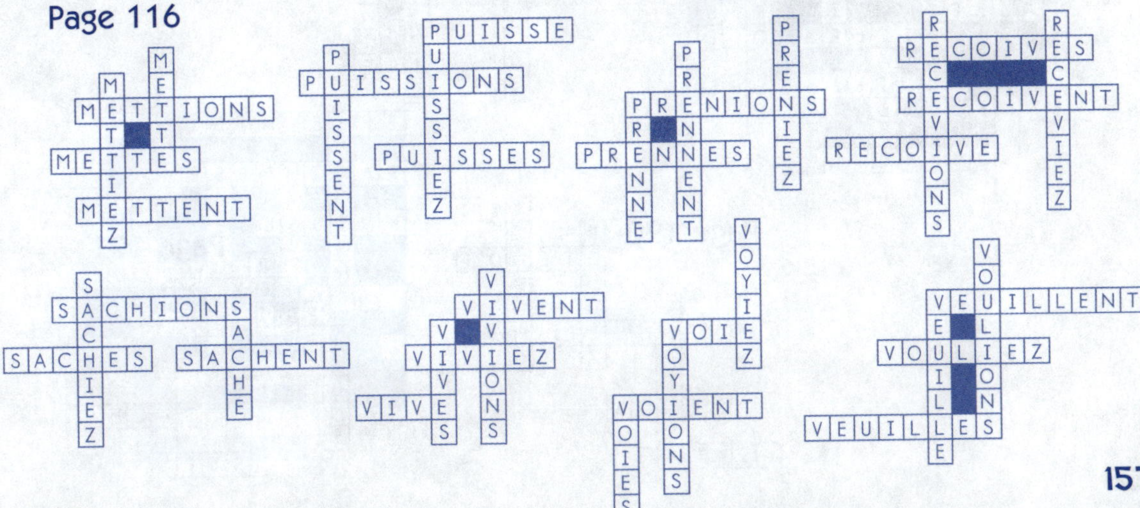

Page 117

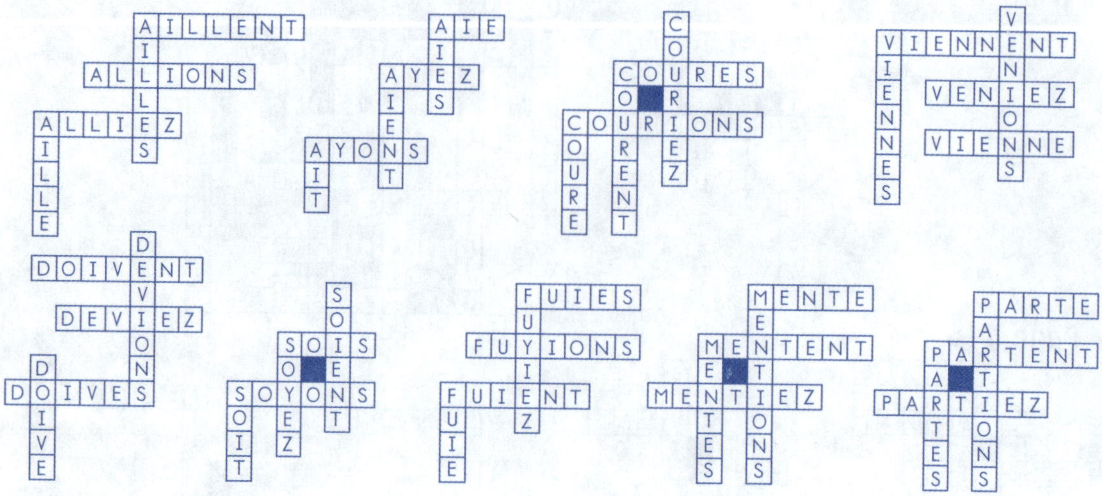

Page 118

Page 119

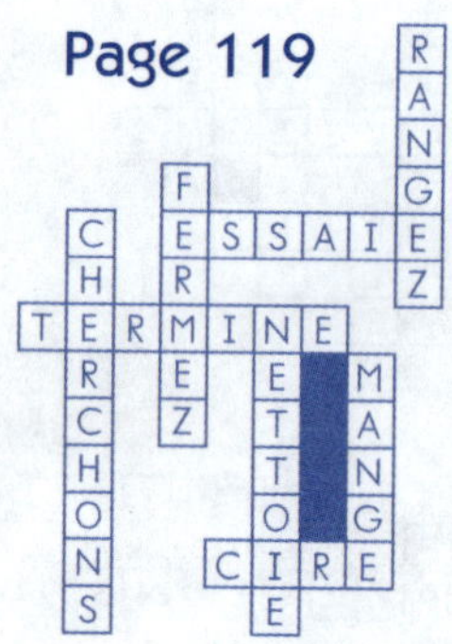

Page 120

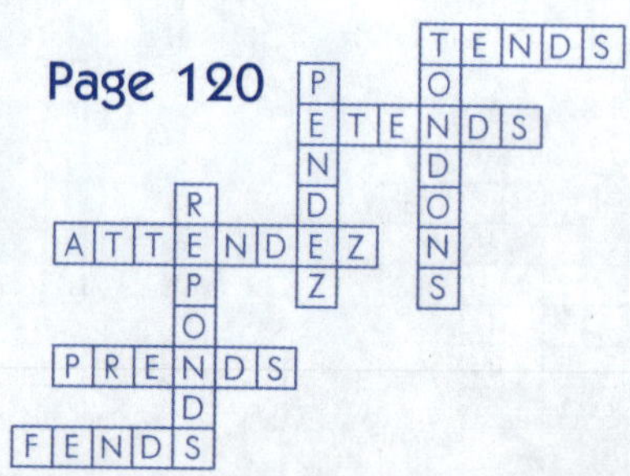

Page 121

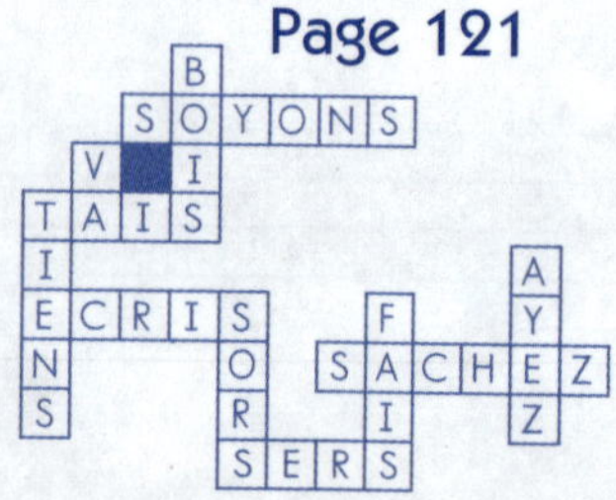

CORRIGÉS

Page 122

NAGERAIS
GARDERIONS
SERIEZ
CHANTERAIT
PARLERAIENT
CHERCHERAIENT
CIRERAIS

Page 123

NETTOIERAIS
ENNUIERAIS
APPUIERIEZ
BROIERAIS
EMPLOIERAIT
TUTOIERIONS
NOIERAIENT

Page 124

SUSPENDRAIS
PRENDRAIS
ATTENDRIEZ
TONDRAIENT
TORDRAIS
DESCENDRIONS
PONDRAIT

Page 125

PETRIRAIENT
CHOISIRIONS
FINIRIEZ
SORTIRAIT
DORMIRAIS
SALIRAIENT
PARTIRAIS

Page 126

SOURIE
ESSAYIEZ
REPONDE
PARTIONS
ETEIGNES
REFLECHISSE
FUIE
VOIE

Page 127

PARTIEZ
TIENNENT
SORTE
SERVIONS
BOIVE
VIENNES
DORME
RECOIVES
LISE

Page 128

METTIEZ
PUISSE
AILLES
VEUILLES
FASSENT
AIT
CROIE
RESOLVIONS
DISE

Page 130

APPLAUDISSAIT
ASPHYXIERONT
PARAITRAIENT
ALERTERIONS
DATERIEZ
VA
TENDE
MANQUERAIT
DESSERS
DEPASSE
OUBLIERAS
PERFECTIONNES
INDIQUES
INTERDIRAIT
ORIENTIONS
AIE
SITUIONS
REPARIEZ
VOUERA
REVIENT
MORDES
MODERNISIONS
INTERDIS
SUE
SERT
TATE
SERAIENT
IRA

CORRIGÉS

Page 131

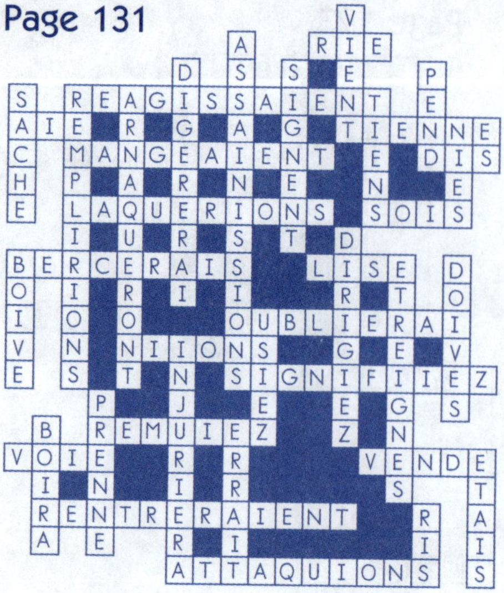

Page 132

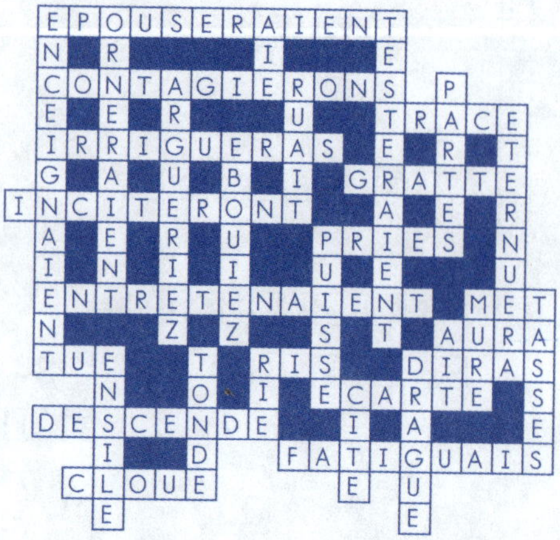

Page 133

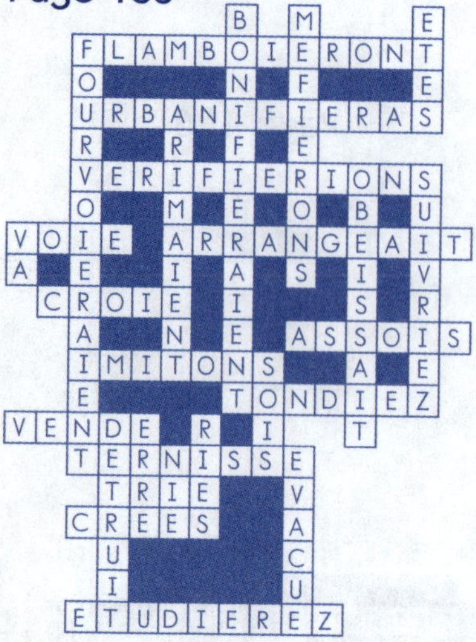

Page 134

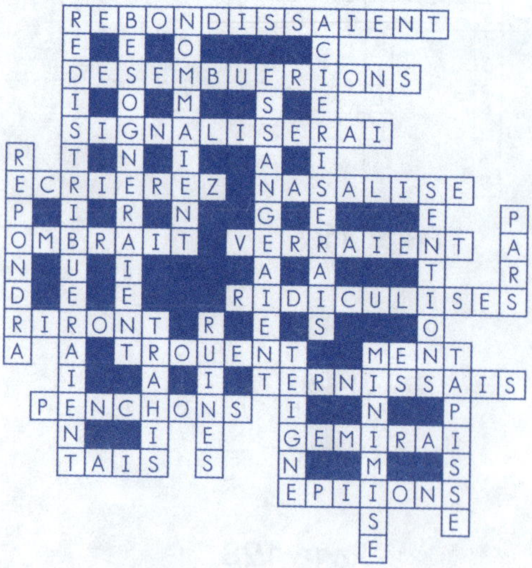

Conception de maquette : MICHÈLE BISGAMBIGLIA - Maquette : CHRISTINE PAQUEREAU
Directrice éditoriale : SYLVIE CUCHIN - Édition : FRANÇOISE FELLOUS - Corrections : FLORENCE RICHARD
N° d'éditeur : 1289 - N° de projet : 10112783 - Dépôt légal : Novembre 2004
Achevé d'imprimer en France sur les presses de France Quercy, 46001 CAHORS